60歳からの「忘れる力」

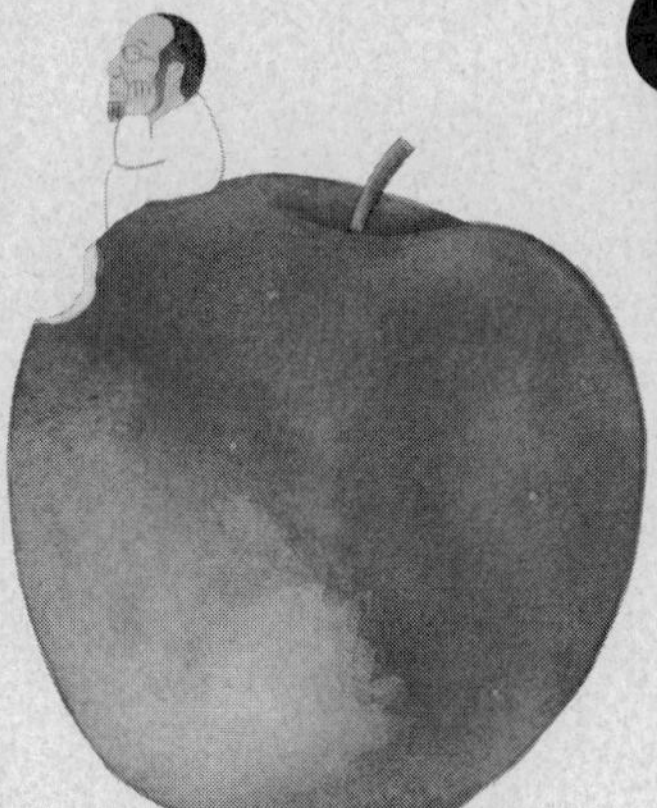

鎌田 實

幻冬舎

はじめに――人生の8割は忘れていいこと

「アレはどうなったのかな？」

「ああ、アレね。アレはああなったんじゃないかな」

列車の中で、ふとそんな会話が聞こえてきました。具体的なことは何も言っていないのに、会話がかみ合っているシュールさ。本当のところ、それぞれ想像している「アレ」が一致しているかどうかも不明ですが、思わず苦笑してしまいました。とっさに固有名詞が出てこなくなるぼくたちの年頃には、よくある会話です。

人の名前が出てこない、昨日の夕食で何を食べたか忘れた、同じ本があるのを忘れてまた買ってしまった……。こんなもの忘れがあると、いよいよ来たかと身構えてしまいます。それが頻繁になると、がっかり落ち込む人もいるかもしれません。今度こそ忘れないようにしようと、メモ魔になったりもするでしょう。それほど多くの人たちが「忘れること」＝「いけないこと」と思い込んでいます。

たしかに、ぼくたちは子どものころから、忘れないように仕込まれてきました。小学校ではときどき持ち物チェックがあって、ハンカチなどの忘れ物があると叱られました。小中高と学校では歴史の年号や元素記号の順番など、語呂合わせをして必死に覚えました。大人になっても、牛乳を買い忘れてパートナーから責められる。つくづくトホホな人生なのです。

でも、人生で忘れてはいけないことなんて、どれほどあるのでしょうか？ スマホのパスコードだって、指紋や顔認証にすれば覚える必要はなくなります。極端なことをいうなら、「私はだれ、いまはいつ、ここはどこ」という見当識さえあれば、あとは忘れてもなんとかなるのです。

人生の８割はどうでもいいこと。なのに、そのどうでもいいことに埋もれて、本当に大切なものが見えなくなっていることのほうが問題なんじゃないか。

そもそも、人間の脳は忘れるようにできています。記憶の過程には、記銘《きめい》（情報を覚えること）、保持、想起（情報を思い出すこと）、忘却という流れがあります。せっかく保持した記憶も取り出す必要がなければ、忘却のお蔵にしまわれます。

人間の「忘れる力」は、ＡＩには決してまねができません。ＡＩは膨大な記憶を蓄積し続けることしかできないのです。そこから大切なエッセンスを拾い出すには、膨大な計算を繰り返す必要があります。忘れてもいいことを忘れられるというのは、むしろ、記憶という機能の大事な要素といえるでしょう。

人間の「忘れる力」は、時間や価値観、ときには意志というふるいにかけて、ものごとを取捨選択する力です。「忘れる力」を上手に利用すれば、生きるのがうんと楽になり、停滞していたものが動きだします。

不安やこだわりを手放す、考え方を切り替える、仕切り直す、別の方法を探す、棚上げする、これまでの視点を捨てて新しい視点をもつ、他人や自分の人生を許す、水に流す……みんな同じく「忘れる力」を根っこにしているのです。

ぼくは1歳8か月のとき、わけあって見ず知らずの人の家に養子に出されました。そのころの記憶はもちろんありません。けれど、「ここが今日からお前の家。この人たちがお父さんとお母さん」と言われ、言葉では表現できなくても、感情的には大きな危機に陥《おちい》ったと思います。でも、忘れる力をもっていたからこそ、新しい父母を疑うこともなく育つことができて、いまのぼくがあるのです。

2022年のお盆に、実の母の仏壇にお参りをさせてもらいました。「母さん、産んでくれてありがとう　實《みのる》」と筆で書いたぼくの新刊をお供えしました。捨てられたことは全部忘れました。

母は母で、苦渋の選択があったと思います。忘れられない決断を必死に忘れようとして、新しい家庭を築いてきました。その家の仏壇で、母は微笑《ほほえ》んでいました。70年余ぶりの再会でした。

ぼくの忘却力は年々パワーアップしてきたように思います。悲しみも怒りも、なんでもかんでも忘れるようになってきました。ちょっと忘れすぎて、ときどき人に迷惑もかけますが、「忘れる力」は、まちがいなく、生きる力になっています。

忘れることは決して悪いことではありません。こわがったりする必要もないのです。むしろ、忘れることで、新しい生き方をつくれる可能性があります。

とりわけ、人生の後半戦が始まった60代からは、重くのしかかっているものを忘れ、自分を縛っているものを忘れ、自分にとって本当に大切なことを確認するためにも、積極的に忘れることが大切なのではないでしょうか。それは、ピンピン、ひらりと90歳の壁を超えていくための極意にもなります。

「忘れる力」が、心を軽やかにし、滞っていた人生を好転させてくれるはずです。

2023年1月

鎌田　實

60歳からの「忘れる力」◎目次

第1章　60代、まだまだ伸び盛り

第2章　古い常識をリセット！ 60歳からの健康習慣革命

第3章

不機嫌、退屈、ガマン……負の感情を水に流す

第4章

一度きりの老後を魅力的に生きるためのヒント

第5章　世の中の「正解」ではなく、自分だけの「別解」を生きる

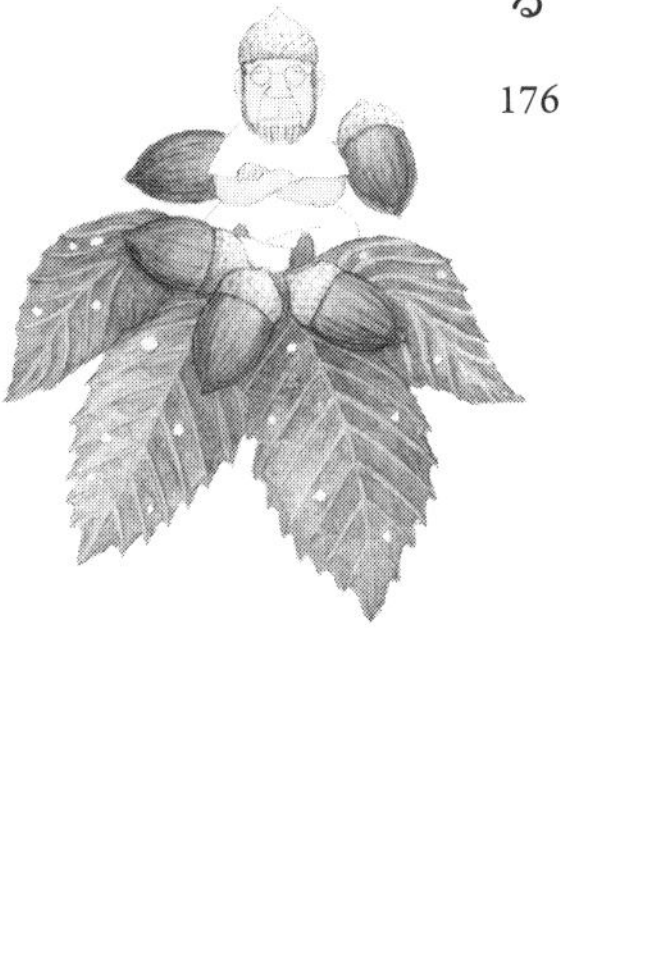

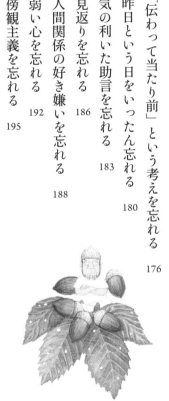

ブックデザイン　石間　淳
イラスト　はらだたけひで
著者写真　清水朝子
ＤＴＰ　美創
編集協力　坂本弓美

60歳からの「忘れる力」

第1章
60代、まだまだ伸び盛り

「もの忘れ」への恐怖を忘れる

すぐに忘れていい「ワーキングメモリ」という記憶

50年近く内科医をしていて感じるのは、多くの人が忘れることに恐怖を感じているということです。心配性の人は、「認知症の始まりではないか」と外来で相談してきます。いくつかの検査をすると、ほとんどが年相応のもの忘れ。「心配はないよ」と丁寧に説明すると、ほっとした表情になります。

「認知症じゃないか？」と自分を疑いはじめるときに多いのが、ワーキングメモリの衰えです。ワーキングメモリとは作業記憶のことで、短期記憶ともいわれます。いろいろな作業をするうえで必要なルールや手順を、その作業が終わるまで一時的に覚えておく力です。言い換えると、その作業が終わったら忘れていい記憶のことです。

この機能が低下すると、いちいち手順をマニュアルで確認しなければならなくなり、能率が上がりません。ミスも多くなります。料理中、鍋を火にかけたまま野菜を切るなどほかの作業をしていたら、火がついていることをすっかり忘れて焦がしてしまった、などというのもその例です。

ワーキングメモリの低下が心配になるのは高齢者だけではありません。比較的若い年代の人たちも、コロナ禍の生活で脳への刺激が減少し、重要な書類を忘れたり、記入漏れがあったりという失敗が目立つようになります。

そこで、ぼくは患者さんに次のようなテストをしています。

「いまから言う４つの数字を覚えておいてください。０、３、４、１」

そして、しばらく別の話をして、最後に質問します。

「さっきの数字を覚えていますか？　その数字を反対から言ってみてください」

答えは「１、４、３、０」です。紙に書かれた数字を反対から読むのは簡単ですが、口頭で言われた数字を記憶し、それを思い浮かべながら逆から言うのは難しい。ワーキングメモリが正常に働いていなければ、なかなかできません。みなさんも家族や友人と問題を出し合って、やってみてください。

しっかり答えられなくても、落胆する必要はありません。認知症を発症する前段階に、軽度認知障害（ＭＣＩ）という状態がありますが、この段階で手を打てば、年齢相応の認知機能に戻すことができるといわれています。

軽度認知障害を改善し、認知症を予防する方法として、コグニサイズをおすすめしています。コグニサイズは、体を動かしながら頭を働かせたり、同時に2つのことをしたりする「頭の体操」のこと。コグニサイズを続けると、軽度認知障害の半数は正常に改善するというデータがあります。

２０２２年2月、「徹子の部屋」（テレビ朝日）に出演したとき、黒柳徹子さんにコグニサイズをやってもらいました。１から数字をカウントしていき、５の倍数のときにしりとりをするというものです。たとえば、「1、2、3、4、ゴリラ、6、7、8、9、ラジオ、11、12、13、14、オナガドリ……」というように続けます。一人でもできますし、数人でやるのもいいでしょう。

リズムを崩さないようにテンポよくするのがポイントですが、数字と言葉がごちゃごちゃになって、かなりオロオロします。でも、このオロオロするくらいが脳にはいい刺激になるので、まちがえても、言葉に詰まっても、気にしないようにしましょう。

正解することが大切なのではなく、正解を出すまでの間、オロオロしたり、ドギマギしたり、「解いてやるぞ」という前向きな気持ちになって脳を活性化することが大事なのです。

ほとんどのもの忘れは、健康なもの忘れ。
認知症の心配より、
オロオロ、ドギマギして短期記憶を鍛えよう。

「老い＝衰え」という先入観を忘れる

高齢者にも20代に負けない認知力がある！

「歳をとると認知機能は低下していく」――それは本当でしょうか？

アメリカのワシントン大学は、高齢者と20代の若者に6種類の認知テストを行いました。その結果、記憶力と認知スピードは若者のほうが優れていました。やはり、という結果です。

しかし、言語力、空間推理力、単純計算力、抽象的推論力では、意外にも高齢者のほうが勝っていたのです。

また、被験者の15%は、高齢になってからのほうが若いときより認知力が優れていることもわかりました。「歳をとること＝衰えること」というのは思い込み。人間は死ぬまで成長し続けているのです。

もちろん、加齢とともに認知症のリスクは高くなります。令和4年版高齢社会白書によると、介護が必要になる原因は認知症が18・1%で第1位でした。けれど、そのことだけで「老い」を「衰え」という文脈で語るのは偏った見方です。

「老い」には「衰え」や「介護」などのイメージが強くつきまといますが、一方で、子どもが独立し、仕事の第一線からも降りて、身軽になる時期でもあります。「自由」は老いの特権なのです。

ぼくは「PPH（ピンピン、ひらり）」という生き方を提唱しています。ピンピン元気に生きて、ひらりとあの世に逝こうという生き方です。老いや病もひらりとかわしながら、自分らしく自由に生きることができた人ほど、自分の人生に納得して、ひらりと逝けると思っています。

これまでの人生をさらに追求するのもよし、まったく新しいことを始めるのもよし。

「老い＝衰え」というマイナスイメージを忘れて、新しい老い方を自由につくっていきませんか？

老いには、「自由」という特権がある。
思い込みからも自由になって、成長を続けよう！

実年齢を忘れる

マイナス12歳のつもりで生きる

「あなたは自分が何歳だと感じていますか?」

40歳以上の中高年5000人以上にそう質問したところ、実年齢より若く答えた人ほど、日常生活動作の機能低下がゆっくりであることがわかりました。ドイツ老年医学センターの研究です。

思い込む力って、すごいんです。「自分は若い」と思うことで、ストレスが緩和され、健康へのダメージを減らすことができます。さらには若さを保つために自分自身をケアした結果、若さを実感できて、ますます「自分は若い」と思い込むことができます。いい循環が生まれるのです。昔から「病は気から」と言いますが、「若さも気から」ということです。

もう一つ、若さについてのおもしろい論文があります。南デンマーク大学の双子を対象にした研究です。70歳以上の双子1826人を7年間にわたって追跡調査しました。

被験者の顔写真を撮り、いろんな年齢層の人にその写真を見せて、年齢を推定してもらいました。その結果、実際の年齢より見た目が若い人のほうが、身体能力も認知機能も高く、寿命と関係があるといわれる白血球のテロメアも長く、実際に寿命も長いことがわかったのです。

双子なので遺伝子的には似ているのに、見た目によって寿命が異なる。この「見た目の若さ」をつくるものはいったい何か。それこそ、遺伝子ではなく、生活習慣や環境ということなのです。

この2つの研究から、ぼくは実年齢を忘れることにしました。実年齢から12歳を引いた年齢のときの自分をイメージしながら、仕事も、遊びも、着る洋服も考えると、老け込まずにすみます。

体重計に乗ると、偶然にも、実年齢より12歳若い体内年齢が表示されました。それに気をよくしたぼくは、ますますウォーキングや筋トレに励んでいます。

年齢はどんどんサバ読んでいい。
若いと思えば、若くなる。見た目が若けりゃ、若くなる！

他人からの評価を忘れる

自己評価にも振り回されなくていい

いままでの経験や思い込みなどで、非合理的な判断をしてしまう「認知バイアス」。自分でも気がつかないうちに、これにとらわれていることがあります。

ぼくは小学校のとき、担任の先生から「鎌田、あんまりＩＱ高くないぞ」と言われました。先生がどんなつもりでそう言ったのかわかりません。ぼくは学級委員をしていて、ガリ勉タイプではないけれど、やればできる子だと思われていたので、先生にとってても予想外の結果だったのかもしれません。

けれど、ぼくはなんとなく受け入れられました。学年を見渡せば、自分よりできる人間がたくさんいたからです。とくに都立の進学校に入ってからは、圧倒的に能力が上の人たちがいることに気がつきました。

はじめての英語のテストは４５０人いる学年でビリでした。１００点満点中11点。その答案用紙を、ぼくは学年トップ10の隣に貼り出しました。自分で自分をさらしものにしたのです。気持ちがすっと軽くなりました。

「このテストでは最下位だったけれど、高校は３年あるのだから、３年間で帳尻を合わせればいいんだ」とも考えました。それから、ＩＱは高くなくても、人の２倍勉強すればなんとかなることもわかりました。おかげで、ぼくは優秀な同級生のなかで自分も優秀だと錯覚したり、逆に劣等感にとらわれることもありませんでした。

「ダニング＝クルーガー効果」と呼ばれる認知バイアスは、成績の悪い学生は自分を高く評価したがるのに対して、成績が極めて優秀な学生は自分を低く見積もるというものです。人間は自分のことさえ正しく評価できないのです。だから、自分は優秀だ、いや優秀じゃないなどと振り回される必要はないのです。

学生時代は成績、偏差値、出身大学。社会に出てからは会社のネームバリューや年収……さまざまな物差しで評価されがちです。60代になって、そうしたものから卒業したはずなのに、いまだにとらわれている人もいます。なかには、子どもや孫への評価を、自分への評価のように考える人も。

そんなものに一喜一憂しても、虚しいだけです。

自分を高く見積もることも、劣等感にとらわれる必要もない。
トップでもビリでも、「よく生きてきた」と自分をほめてあげよう。

どうでもいいことを忘れる

本当に大切なのは「20%」だけ

「仕事の成果の8割は、費やした時間全体のうちの2割の時間で生み出している」

これは、イタリアの経済学者ヴィルフレド・パレートが発見した分布の法則です。

「パレートの法則」とも、「2：8の法則」ともいわれています。

「働きアリの20%が、80%の食料を集めている」というのもその一つ。

アリをよく観察すると、すべてのアリが均等に働いているわけではありません。よく働くアリは20%ほどいるのに対して、働かないアリも20%。よく働くアリが疲れ切ってしまうと、働かないアリが働きだし、一つの巣の中でのよく働くアリの割合は変わりません。なんだかとても不思議ですよね。

全体のなかで重要な役割をするのはたったの20％。そのツボを押さえれば、あとは放っておいていいということです。

人生もしかり。自分という人間の核となる部分であり、自分を自分たらしめるものであり、寝食を忘れて打ち込める何かは、20％にあるのです。ここさえしっかりと押さえていれば、人生の80％は忘れてもいいのです。２：８の法則をいろんなことに当てはめてみたら、仕事も生き方も変わるかもしれませんね。

「20％」にだけ全力投球。
残りの80％は勇気をもって手放そう。

失敗を恐れる気持ちを忘れる

下手くそになっても、〝上手くそ〟になるな

「カマちゃんは字が汚い。お礼状書くのも遅いだろ？」

ぼくに筆文字を教えてくれたのは、日本の原風景を描いたナイーブ画家・原田泰治さんです。

素敵な筆ペンをプレゼントしてくれて、こんなふうに書いたらいいよ、とお礼状の書き方を教えてくれたのです。泰治さんは、シロウトが見てもすごいと感じるほどの達筆。そんな文字はとてもじゃないけど、まねできそうにありません。

でも、一つだけぼくにもできそうなことがありました。それは、「感謝」や「心」「礼」など、伝えたい文字だけ大きく強調して書くこと。それ以来、ぼくは下手くそでもいいや、伝えたい言葉が伝わればいいと思って、筆で書くようになったのです。

「下手くそ」に対して、「上手《じょうず》くそ」という言葉があるそうです。上手な人は、自分の技術に自信があるから、人のふりを見て学んだり、人のアドバイスを素直に聞こうとしない傾向があります。だから、進歩がありません。上手だけれど何も伝わってこない、それが「上手くそ」です。

それに対して「下手くそ」は自分が未熟なのを知っているので、人のアドバイスを素直に聞きいれて、人に伝わるように高めていくことができます。同じ「くそ」なら、ぼくは下手くそのほうがいい。

原田泰治の筆文字の弟子は、もう一人います。歌手のさだまさしさん。さださんも筆文字で感謝の気持ちを表現しています。いまでは二人とも、筆が大事な表現手段となりました。

昔、恥をかいたな、苦手だったなということも、下手でもいいと思うと気持ちが楽になります。ウォーキングに行った先で花を写生したり、俳句を詠んだり。下手くそを楽しむ心の余裕をもちたいものです。

下手くそな人には素直さと伸びしろがある。
失敗を恐れずチャレンジすれば、脳も若返る。

がんばり続けることを忘れる

あと一歩上達したければ、「何もしない時間」にまかせる

ふだん料理をしないぼくも、〝ズボラ料理〟には興味があります。缶詰やカット野菜などを活用して、レンジでチン。3～5分の加熱でおいしい一品が手軽にできあがります。料理が苦手な人も、一人暮らしで毎回の食事づくりが億劫《おっくう》な人も、忙しい人の時短策としても、上手な手抜きは大事な知恵です。

そんなレンチン料理も、できあがったあと、ふたをしたまま少しだけ時間を置くと、余熱で味がしみこんでさらにおいしくなります。何もしない時間が仕上げの味つけに

なるということです。

この「何もしない時間」の効果は、いろんな場面で思い当たります。たとえばスポーツ。野球のバッティングでも、テニスのサーブでも、練習したぶんだけうまくなりますが、練習のあと少しだけ休むと、ぐんと上達するという経験はありませんか？

なぜ、こんなことが起こるのか。理論的に解明していくと、脳がもつ忘却のしくみがカギを握っていました。練習のあと、ちょっとだけ休むと、軽い忘却が起こり、それが運動制御の最適化をもたらすのだそうです。つまり、忘れることで情報が整理され、大切な部分だけが際立ってくるのです。

楽器の演奏でも、練習ばかりするのではなく、ちょっと一服したほうが、そのあといい演奏ができるといいます。練習で磨いた技術が、自分の体に入り、無理なく表現できるからなのでしょう。

難しい問題を解こうとするときも、ずっと考え続けているより、ちょっと気分を変え、別のことを考えているときに、突然答えが降ってくることがあります。これも、「何もしない時間」の力でしょう。

ぼくは原稿書きに行き詰まったとき、机から離れて外へ出て、速歩きとゆっくり歩きを3分ずつ交互に繰り返す「速遅歩《はやおそ》き」をします。原稿のことを忘れる時間が、新しい思いつきにつながることが多いのです。そんな経験を繰り返してきました。

人生においても、あることだけに没頭していると、なかなか答えにたどり着きません。けれど、ときどき立ち止まって頭の中を空にしてみると、ああそうだったのかと気づきがあったり、これでいいのだと納得できたりします。人間としての成熟のためにも、「何もしない時間」を味方につけたいものです。

行き詰まったら、頭の中を空にしてみる。
「何もしない時間」がひらめきをくれるはず。

一人のさびしさを忘れる

友だちはいなくてもいい

一人でいることに耐えられず、常に人とつながりたがる人がいます。しかし、うわべの付き合いで心は満たされず、集団のなかにいるとかえって「孤独」を感じます。そして、その孤独を埋めようとして、もっともっと人とつるみたがるのです。

けれど、ひとたび「一人でいい」という覚悟をすると、この悪循環を断つことができます。一人の時間に自分自身を見つめ直すことで、自分の価値観がはっきりしてきます。「これでいいのだ」という自己肯定感も高まるでしょう。人に染まらない自分流の考え方をもてるようになり、生き方がユニークになっていくかもしれません。

かつて対談した脚本家の橋田壽賀子《すがこ》さんは、「友だちはいらない」と語っていました。夫に先立たれてから一人暮らしでしたが、孤立はしていませんでした。行きつけのレストランのシェフや、スポーツジムのトレーナー、仕事関係の人など、さまざまな人たちとの付き合いを続けていたようです。

心の中をさらけだすような濃厚な人間関係ではなく、ほどよい距離感のゆるやかな関係があること。それが人間を成熟させ、老いを生きるうえでの大事なセーフティネットにもなるのです。

歳をとって大切なのは、キョウイク（今日行くところ）と、キョウヨウ（今日の用事）です。一人暮らしでも、行きつけのお店の店員さんと挨拶を交わしたり、犬の散歩をしながら通学路の子どもたちを見守るなど、社会と接点があることが大事なのです。

なんでも話せる親友がいてもいい。
いなくても、ほどよい距離感の関係があればいい。
結局、人は一人で生まれ、一人で死んでいく。

「夫婦水入らず」を忘れる

心地よい距離感は年齢とともに変わっていくもの

長年、別居を続けている夫婦がいます。決して仲が悪いわけではありません。子どもが大学進学を機に家を出ていってから、夫、妻ともに部屋を借りて、それぞれの仕事をしながら自由に生活しています。

決まりごとは、一日の終わりに電話をすることだけ。とりたてて話すことがなければ、「変わったことない？」「うん、じゃあね」で終わることも多いそうです。直接会って話すのは、どちらかが体調を崩したときくらい。ふだんはお互いに自由に暮らしながら、いざというときは助け合う。こういう夫婦の関係もいいなと思いました。

長年連れ添ったパートナー同士でも、それぞれ一人でいる力を鍛える必要があります。そのための極意は3つあります。

1つめは、相手の領域に踏み込みすぎないこと。どんなに親しい人が相手でも、敬意をもって、距離感を保つことです。

2つめは、他人と比べないこと。他人と比べるからこそ、他人をうらやんだり、ねたんだりする感情が生まれます。他人より劣っている自分、他人より恵まれていない自分を哀れみ、さびしさにとらわれてしまうこともあるでしょう。

3つめは、とにかく一人の時間をもち、一人でやってみるということです。

それまで妻に食事をまかせきりだったある男性が料理に興味をもち、週2回ほど料理をつくるようになったと聞きました。その男性がいずれ一人になったときにも生き続けるためのウォーミングアップになると思います。

同時に、妻は週2回、夫の食事づくりから解放されます。妻は友だちとランチに行ったり、趣味に没頭したり、自由にできる時間が増えていきます。それも、妻が一人になったときのためのウォーミングアップになるでしょう。

物理的にだれかと一緒にいなくても、精神的に自立していれば、自分の時間を楽しみ、自分の考えで判断して決定していくことができます。ぼくはそれを「ソロ立ち」と名づけました。

子どもの独立、定年退職などで、夫婦が顔を合わせる時間が長くなる60代。長い高齢期を充実したものにするためにも、お互いにソロ立ちを始めるいいタイミングかもしれません。一度きりの人生を後悔しないためにも、ちょうどいい距離感を探していきたいものです。

パートナーとはいつも一緒でなくてもいい。お互いを解放できるのが成熟した関係。

男らしさ、女らしさを忘れる

「自分らしさ」にこだわればいい

団塊の世代のぼくたちは、高度経済成長を支えるモーレツ社員として、男らしさを求められてきました。アドレナリンやテストステロン全開の社会で、男はマッチョでなければいけないというステレオタイプを求められてきました。「男は人前で泣いてはならない」「男は強くなければならない」などと言われ、窮屈な思いをしてきました。もちろん女性も、男性とは別の生きにくさを感じてきたと思います。

平成を経て令和の世となり、ジェンダーフリーという考え方が少しずつ広がってきました。男も女も関係なく、服装も、言葉遣いもずいぶん自由になりました。いいことだと思います。

ぼくは、講演やラジオ番組でお話しするとき、難しい医学用語は使わず、子どもにもわかりやすい言葉で、素直に感情を表現するようにしています。興が乗ってくると、女性的な言葉遣いが増えてきます。そのほうが自由に表現できるからです。

教育評論家の尾木直樹さんは、尾木ママとして知られるようになってからのほうが言葉が自由になり、さらに人に訴えかける力をもつようになりました。ジェンダーを超えて、その人らしさが前に出たからなのでしょう。

ジェンダーにとらわれず、
素の自分をさらりと表現できるようになりたいね。

空気を読むことを忘れる

吐き切れば、新しい空気が入ってくる

ぼくは空気を読めるほうだと思っています。でも、院長時代、病院の運営の方向性を決めるときには、あえて空気を読まないようにしました。ほかの病院がやっていないことをしよう、病気になったときに命を救える病院であると同時に、病気にならないように地域を健康にする病院になろうと、健康づくり運動を懸命に行いました。

けれど、多くの場合、空気を読まない言動をすると、とたんにつまはじきにされ、「変わり者」とレッテルを貼られてしまいます。実際にはレッテルを貼られないかも

しれませんが、自分で規制をかけて、自分の言葉をのみ込んでしまうものです。

空気との付き合い方を、もっとシンプルにしましょう。ただ、吸って吐くだけでいいのです。おなかをふくらませて息を吸い込んだら、おなかがへこむまで息を吐き出しましょう。腹式呼吸です。コツは息を吐き切ること。吐き切れば、新鮮な空気を吸い込むことができます。古い常識を忘れれば、新しいことが入ってくるのと同じです。

呼吸に合わせて横隔膜が上下すると、そのまわりにある副交感神経も刺激されるため、自律神経が整い、気持ちもリラックスしてきます。

空気との付き合いはシンプルに。
他人の顔色なんて気にせず、まず自分がしっかりと呼吸する。

人前で泣くカッコ悪さを忘れる

ときどきは泣いて笑って心を揺さぶろう

若いころは、人前で泣くなんてカッコ悪いと思っていました。患者さんの死に接するときも、泣くなんてとんでもない、医師としてプロ意識に欠けていると思っていたのです。

30歳のとき、母が亡くなりました。ぼくを養子として迎え、育ててくれた人です。長い間、重い心臓病を患っていました。最後はぼくが勤めている病院に入院しました。その母がとうとう逝ってしまいました。人目をはばからず、病院の同僚の前で、声をあげて泣きました。泣くことで、ぼくは心のバランスを保てたのです。

涙には、ストレスホルモンのコルチゾールを排出する働きがあるといわれています。泣いたあとにすっきりした気持ちになるのは、涙を流すことでストレスが緩和されるためです。泣くことで副交感神経が優位になり、血流もよくなり、気持ちも落ち着きます。

また、肉体的な痛みとともに流れる涙は、気分を高揚させるエンドルフィンという物質を出し、痛みを少し忘れさせてくれる働きをしています。

子どもが注射のときに泣いたりしますが、「痛くないよ。ガマン、ガマン」などと言ってはいけません。注射が痛くないというのはウソだし、ガマンさせると痛みの緩和にならないからです。「ちょっとチクッとするよ。痛かったら泣いてもいいよ」と言うと、子どもは注射への心構えができ、意外に冷静に受け入れられるものなのです。

母を亡くしたとき、人前で泣く経験をしてから、ぼくは泣くことに抵抗がなくなりました。患者さんの前で、うれしいときも、悲しいときも、何回も泣いてきました。目頭がジーンと熱くなったり、目の前がうるうるうるうるんだり。声がうわずることもあります。

ぼくが泣くと、患者さんも「泣いてもいいんだ」と安心できるようです。若いころは、相手に「スキ」を見せまいと思ってきましたが、歳とともに「スキ」が関係性をつくるのだとわかってきました。診察室や病室、ときには臨終の場で一緒に泣いて、一緒に笑ってきたからこそ、難しい現実を乗り越えられたように思います。

ふだんから泣いたり笑ったりすることは、心のストレッチになります。いい映画やドラマを観て、いい本を読んで、心のままに泣いたり笑ったりしましょう。感情を解放できるって、素敵なことです。

大人だって、泣きたいときは泣いていい。
「スキ」を見せると、人間関係が一歩進むかもよ！

スマホ依存を忘れる

素の自分に戻れる「指定席」をつくる

ときどきスマホをオフにして、一人になる時間が、ぼくたちには必要です。日常のなかに、ここならだれにも邪魔されず、一人になれるという空間があるとベストです。書斎でもいいのですが、ぼくの場合、階下から家族の気配や生活音が聞こえてきて、なんとなく「一人」という感じがしません。そんなときは蓼科湖《たてしな》のまわりや近くの公園まで行きます。

林の中をウォーキングしたり、ストレッチをしながら、一人を満喫します。ある庭園にはお気に入りの木があり、木陰のベンチにもたれて1時間ほど読書をするのもいい気分です。勝手に「読書の木」と名づけている、ぼくの隠れ空間の一つです。

ぼくはいま、週一日、内科外来を受けもっていますが、病院での仕事が忙しかったころは、合間を縫ってよく病院の庭を散歩しました。ここにもいくつか東屋《あずまや》があり、5分ほど座って庭を眺めていると、心が元気になっていくのです。

子育てや介護をしている人、重い病気を患っている人、大きな心配事がある人。心の中に常に何かが居座っている人こそ、それを一時的に忘れられる隠れ空間が必要です。自分が背負わされている役割をいったん忘れられたら、どんなに気持ちが楽になるでしょうか。

自分を白紙に戻して、そこから自分の願う「自分」を選びとっていく。そんな心の作業をすることで、しかたなく背負わされた責任も、まあ、しかたないな、と思えるようになっていくかもしれません。

夕焼け空を眺める屋上、飛行機の離着陸が見える公園、焼酎一杯だけ飲んで帰るカウンターのいちばん奥の席、古本屋の画集の棚の前、名画座のお気に入りの座席……。

できれば日常のすぐ隣に、３分でも５分でも、ふらっと身を隠せる場所をいくつかもっているといいですね。

休み時間は、忘れるための時間。
背負った荷物を一瞬でも下ろせる場所が必要だよね。

いい人になることを忘れる

やさしい人になりたいなら、ホルモンに目覚めよ！

「やさしい」という言葉は、「痩《や》さし」が語源とされています。やせるほどつらい、おとなしい、慎み深いというような意味から、やがて他人を思いやるという意味で使われるようになりました。やさしいという言葉には、自分のエゴはひとまず忘れるという動作が織り込まれているのです。

やさしさは、だれもがもっています。ただ、ストレスがたまっていて、ほかの人のことを考える余裕がなかったり、やさしさを行動として示す機会をたまたま逃してしまうこともあるかもしれません。

大切なのは、「いい人になろう」としないこと。「いい人」なんて、相手と状況次第で「どうでもいい人」になってしまうのです。それよりも、「やさしさ」とかかわる2つのホルモンを意識してみましょう。

ぼくたちの体には、自分が幸せを感じるときに出るセロトニンと、相手を幸せにしたいと思うときに出るオキシトシンがあります。これらのホルモンが出ると、やさしい行動も増えていきます。やさしい行動が増えれば、やさしい人といわれるようになります。

幸せを感じにくい人や、なかなかやさしくなれないと思っている人は、セロトニンやオキシトシンを出すことで、生き方や心のもちようが少し変わってくる。そう考えると、とっても楽になります。「それならできるかもしれない」と思うことが大事です。

セロトニンは、ウォーキングなどリズミカルな運動をしたり、「きれいだな」「おいしいな」と感動を声に出すことで分泌されます。つまり、体や心を動かすことが大事なのです。セロトニンのもとであるトリプトファンが入った肉や魚、牛乳など、おいしいものを食べて、心を満足させることも大切です。

オキシトシンは、恋人やパートナー、子どもなど、人とのかかわりや、ペットとの触れ合いのなかで生まれてきます。タッチが大事なんだなあ。笑顔で「ありがとう」と言ったり、人のいいところをほめたりしてもいいでしょう。

2つのホルモンを増やすために共通する習慣があります。

●朝日を浴びる
●自然に親しむ
●腹式呼吸をしてリラックスする

セロトニンとオキシトシンは、心を安定させる作用をもち、怒りや不安などの感情を忘れさせてくれます。ストレスにも強くなります。

脳内のセロトニン神経の一部には、オキシトシンの受容体があり、2つのホルモンは相互に関係し合っていることもわかってきました。セロトニンで自分が幸せな気分になると、まわりの人との関係もよくなり、まわりの人との関係がよくなるとオキシトシンが出て、相手も自分自身も幸せな気持ちになれるのです。

いい人になろうとがんばらなくていい。
2つのホルモンを増やす習慣で、
人にも自分にも簡単にやさしくなれる。

第2章
古い常識をリセット！
60歳からの健康習慣革命

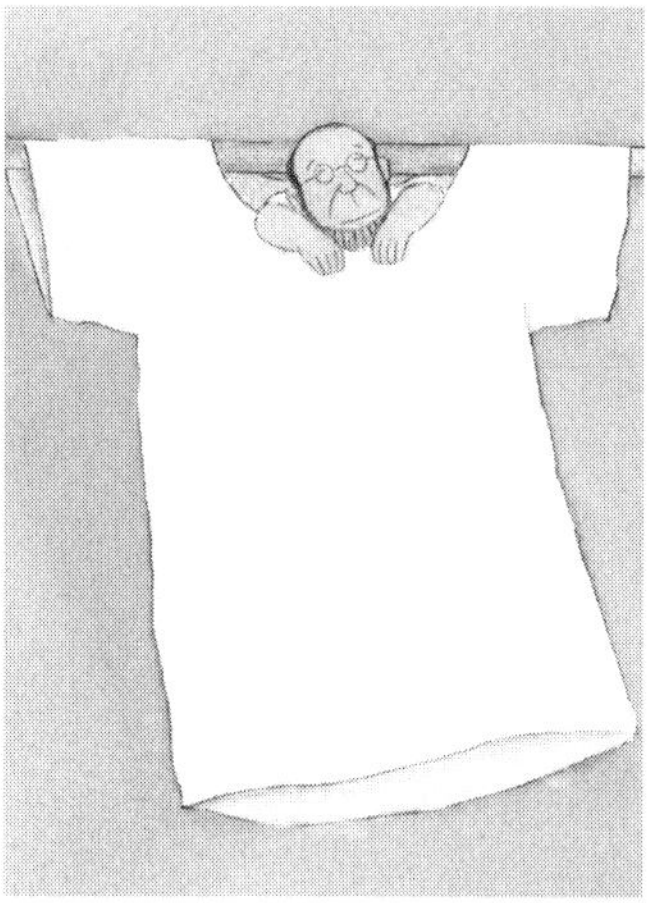

「やせなきゃ」の思い込みを忘れる

60歳を過ぎたら、足は太いほうがいい

60歳は健康づくりの節目です。それまでの中年期は、メタボ対策が健康づくりの中心的な課題でした。メタボになると動脈硬化、脳卒中、心筋梗塞、糖尿病、認知症……とさまざまな病気がドミノ倒しのように増えていきます。だから、中年期はメタボにならないように、脂肪をためこまないことが重要なのです。

ところが、60歳を過ぎると、加齢や運動不足によって筋肉の量が減っていきます。食が細くなる人もいて、栄養不足になることが多くなります。「やせてうれしい」な

ど思っていると、70代、80代で筋肉が減るサルコペニア（加齢性筋肉減少症）や、全身の機能が低下して十分に活動できないフレイル（虚弱）という状態になってしまいます。このままでは、要介護状態へまっしぐらです。

90代になっても、歩いて好きなところへ行き、おいしいものを味わうには、60歳になったら「やせて健康になる」というメタボ対策はいったん忘れ、「筋肉を増やす」フレイル予防へと考え方をシフトする必要があります。やせて脂肪を落とすことばかり意識していると、大事な筋肉までやせて、フレイルが加速してしまうからです。

自分がフレイルかどうかを知る目安として、「指輪っかテスト」というのがあります。両手の親指と人差し指で輪をつくり、ふくらはぎのいちばん太いところを囲みます。指が届かないくらいの太さがあれば、十分な筋肉があると推定できます。

けれど、指が重なってしまう場合は、筋肉がやせている可能性があり、フレイルに注意しなければなりません。若いころは、ほっそりした足を目指す人が多かったかもしれませんが、60歳を過ぎたらしっかり筋肉がついた足が重要になるのです。大根足でオーケー。少しずつ脂肪も減らせれば最高です。

2022年11月、テレビ朝日の「羽鳥慎一モーニングショー」にフレイルをテーマに出演しました。このとき指輪っかテストをしたのですが、若い女性アナウンサーから「私、指が重なります。プレフレイル（フレイルの前段階）ですか？」と聞かれました。

中高年のフレイルだけではなく、最近では若い人のプレフレイルも心配しています。「できるだけ筋肉をつけて、タンパク質をしっかりとって、脂肪は増やさないようにして、〝貯筋〟運動をしましょう」と説明しました。

年に一度とか半年に一度、指輪っかテストをして変化を追いましょう。ふくらはぎが細くなっていれば筋肉が減っている可能性があります。片足立ちで靴下を履けなくなった、椅子から立ち上がるときに「ヨッコイショ」と気合いが必要になった、という自覚症状があれば、筋肉減少の可能性が高いです。

ただし、ふくらはぎが太いからといって安心しきれません。一見しっかりした足でも、筋肉が少なくて脂肪が多い「隠れ肥満」の場合もあります。さらによくないのは、筋肉が著しく減少したサルコペニアの状態なのに、脂肪が覆い隠している「サルコペニア肥満」です。隠れ肥満やサルコペニア肥満になると、筋肉にも脂肪がついてしまい、筋肉の質も低下します。最近の体重計では、体脂肪率やBMI（体格指数）、筋肉の質などを測定できるものが普及しているので、これらの数値も意識してください。

筋肉のいいところは、いくつになっても鍛えられること。タンパク質をしっかりとって、ウォーキングや筋トレをする「筋活」をすれば、筋肉は確実についてきます。

筋肉がつくと活発に動けるようになり、体重は同じでも脂肪は減り、しまった体になります。代謝効率もよくなり、半年から1年もすれば脂肪も落ちていくでしょう。

フレイル予防の筋活が、まわりまわってメタボ対策にもなれば一石二鳥です。

介護知らずの90歳を目指すなら、やせることより、筋肉を増やすこと！

「タンパク質は肉から」の常識を忘れる

おいしいものを食べた者勝ち

ぼくの健康づくりの大きな柱は、「うまいものを食べて、運動すること」です。うまいもの、つまりタンパク質豊富な食べ物をとって筋肉をつくり、ウォーキングや筋トレをして体を動かすことで、健康はつくられるのです。

けれど、日本人の多くはタンパク質が足りていません。一日に必要なタンパク質は、体重1kg当たり1g以上。ぼくは体重72kgなので、いまの筋肉量を維持するには一日最低でも72gのタンパク質が必要ということです。さらに筋肉量を増やしたい場合は、あと10g多い82gが目標になります。

タンパク質をたくさん含むのは、魚や肉です。食べられる人はしっかり食べてください。そのうえで、魚や肉だけに頼らず、ほかの食品から少しずつタンパク質を積み上げていくことが大事です。

魚や肉以外でタンパク質を豊富に含むものは、卵や、納豆、豆腐、高野豆腐などの大豆製品、チーズ、ヨーグルト、牛乳などの乳製品です。最近はタンパク質ブームなので、プロテインを強化したさまざまな食品が手に入るようになりました。

ぼくは、プロテインやカルシウムが強化され、乳脂肪分がカットされた「プレミル」という牛乳や、高プロテインの「ギリシャヨーグルト パルテノ」などをとっています。運動後30分以内にタンパク質をとると、運動で傷ついた筋肉がしっかり再生されるため、筋トレ後には高プロテインの牛乳やヨーグルトを飲むようにしているのです。

魚や大豆のタンパク質を原料とした粉末だし「こまめにたんぱく」は、佐賀県の溝上薬局がつくり、アルフレッサが販売しているもので、ぼくも開発にかかわりました。

みそ汁、野菜炒めなどいろいろなおかずにふりかけて使うと、うまみが増し、タンパク質もしっかりとれるというものです。全国のスーパーなどで売られるようになりました。

また、代替肉の大豆ミートも普及しています。定食チェーンのやよい軒では、お肉の代わりに大豆ミートを使ったメニューが選べるようになっています。ぼくが行く蓼科《たてしな》のメラ・ナタラジというカレー屋さんでも、大豆ミートのカレーを出しています。

おなじみの高野豆腐も、日本人が昔から重宝してきた代替肉といえます。旭松食品の即食タイプの高野豆腐は、熱湯を注ぐだけでふっくらし、1分でおいしく食べられます。高野豆腐に含まれるタンパク質「レジスタントプロテイン」は血糖値を下げ、コレステロールを下げる作用が知られています。

ぼくの家では、高野豆腐を粉状にした粉豆腐を愛用していて、お好み焼は小麦粉の代わりに粉豆腐を使い、たっぷりのキャベツと冷凍カキなどでつくっています。こうしたアイデアを積み重ねていくと、目標量のタンパク質もわりと簡単にとることができます。

タンパク質は卵や乳製品、大豆製品にもたっぷり。
おいしいもので健康をつくり、〝90歳の壁〟をひらりと超えよう。

間食の罪悪感を忘れる

タンパク質やミネラルたっぷりのおやつでフレイル予防

なんとなく罪悪感のある間食。でも、食べ方によっては、間食は健康に役立ちます。とくに、加齢とともに一度の食事で食べられる量が少なくなったという人には、間食をおすすめします。午前10時や、午後3時に小腹が空いたら、食事でとりきれなかったものを補給するつもりで食べましょう。

罪悪感なしのおやつに向いているのはナッツ類。タンパク質や体にいい脂質、ビタミン、ミネラル、鉄分、食物繊維が含まれています。

ビタミンや食物繊維が豊富なドライフルーツ、タンパク質がとれるヨーグルト、チーズなどもおすすめです。ぼくはピーナッツや煎り大豆などを食べています。果物もおいしく食べますが、果糖が多いので、とりすぎには注意しています。

おやつに食物繊維をとることには、次に食事をしたときに血糖値の上昇をゆるやかにする効果があります。また、亜鉛が不足すると味覚障害が起こり、何を食べてもおいしく感じなくなる人がいます。食が細ると筋肉が細り、フレイル（虚弱）になりやすくなります。その対策として、ヨーグルト、豆乳や大豆、レーズンなどをとりましょう。

賢い間食で、足りないものを補おう。体も健康になり、心も満足。

「脳が求める快楽」を忘れる

「脳が喜ぶ」生き方から「腸が喜ぶ」生き方へ

「腹を決める」「腹を読む」——そんな言葉からも、日本人は昔から、意思を決定するのは脳ではなく腹だという身体感覚をもってきたように思います。

現在の科学でも、脳と腸はお互いに影響し合っていることがわかってきました。脳には150億個の神経細胞があるといわれていますが、腸にも1億個の神経細胞があります。腸の神経細胞は独自のネットワークをつくっていて、自律神経を介して脳に影響を与えているのです。

そのため、ストレスや不安、極度の緊張があると、おなかの調子が悪くなり、下痢や便秘になったりします。その裏返しで、お通じがよくなく、腸の調子が悪いと、なんとなく気分がうつうつとします。この腸と脳のかかわりを「脳腸相関」といいます。「腸は第二の脳」ともいわれますが、最近は「脳は第二の腸」かもしれないという新たな見解も登場しています。生物の進化の過程を研究すると、はじめに栄養分を吸収するために腸をもつ生き物が生まれ、その腸の神経細胞のネットワークが進化を遂げて脳になったと考えられています。どちらが先であれ、腸と脳はとても近しい関係にあるということはまちがいなさそうです。

ぼくたちは、脳が求める喜びや幸せを追求しすぎてきたように思います。おなかは十分に満足しているのに、おいしそうなケーキを見ると「別腹」などと言って食べたりします。脳の中でドーパミンという神経伝達物質が暴走するため、アルコールなどの一時的な快楽に依存し、健康を害することも多々あります。

もう、そうした脳の言いなりになるのはやめて、腸が喜ぶことをするほうが、ぼくたちは体も心も健康になれるのではないでしょうか。

腸は、栄養を消化し、吸収し、不要なものを排泄《はいせつ》するだけではありません。免疫機能の7割が集まっていて、体内に侵入してきた病原菌などから体を守る働きもしています。また、幸せホルモンのセロトニンは、脳でもつくられますが、多くは腸でつくられています。腸が整えば、幸せも感じさせてくれるということです。

腸が喜ぶライフスタイルを意識しましょう。ストレスをためこまず、「うれしい」「おいしい」「きれいだな」といった感動を上手に表現すると腸は喜びます。また、一年を通じて冷えは大敵。夏でも、冷房の効いた室内に一日中いると全身が冷えるので、腹巻きなどをして腸を冷やさないように気をつけましょう。

腸が元気だと、心も元気に。
ストレスや冷えから腸を守り、幸せ感を表現しよう!

〝自力本願〟を忘れる

多種多様な発酵食品で腸が健康になる

人間の腸には１００兆から１０００兆個、約１０００種類の腸内細菌がすみついています。この膨大な数の移住者がエネルギー源をつくり、感染を防ぎ、健康を維持する重要な働きをしています。最近では肥満や花粉症、睡眠、認知機能、性格などともかかわりがあるのではないかと研究が進められています。

自分の体はまるごと自分自身のものと思いがちですが、実は腸内細菌という〝他人〟の存在に支えられているのです。

自分の健康を守るには、上手に腸内細菌の力を借りましょう。他力本願です。

いい腸内細菌を活性化するには、発酵食品が強い味方になります。ヨーグルトやチーズ、納豆、しょうゆ、みりん、漬物など、身近な発酵食品をとりましょう。なかでもみそには、スプーン一杯に1万から100万個近くの発酵菌が含まれます。発酵のおかげで旨味や味の複雑さが増し、アミノ酸やビタミン類もとることができるのです。健康長寿県の長野では、野菜をたっぷり入れた具だくさんみそ汁が普及しています。みそと野菜の食物繊維は、腸内環境を整えるのに理にかなった食べ物だったのです。

オックスフォード大学の論文では、多種多様、多産地の発酵食品をとると、善玉菌が競い合い、腸内環境をよくすると発表されています。ぼくはいろいろな大豆でつくった納豆を取り寄せて、味の違いを楽しんでいます。日本各地に、あまり知られていない漬物やなれずしなどの発酵食品がたくさんあるので、それらを食べ歩く旅も楽しそうです。

腸内細菌は身近にいる〝他人〟。発酵食品を賢くとって、愛情をもって育てよう！

早食い・ながら食いを忘れる

誤嚥を防ぐ、食べる前の準備運動

歳をとると、食事中にむせることが増え、食べ物や飲み物が気管のほうに落ちてしまう「誤嚥《ごえん》」が多くなります。

この誤嚥が頻繁になると、食べ物や飲み物と一緒に細菌が肺に入り、肺炎を起こすことがあります。誤嚥性肺炎です。作曲家の筒美京平さんは80歳、落語家の林家こん平さんは77歳、俳優の山城新伍さんは70歳で、誤嚥性肺炎で亡くなりました。

誤嚥や誤嚥性肺炎を防ぐには、口のまわりの筋肉を衰えさせないこと。「おでこ体操」をしましょう。ロダンの「考える人」のように、片方の手のひらをおでこに当てて、手のひらとおでこを押し合います。のどのまわりや首の筋肉が刺激され、嚥下《えんげ》を助けます。ふだんから、パタカラ運動（113ページ）をするのもいいでしょう。

食事のときや、お茶など水分をとるときには、すぐに食べたり飲んだりせず、一呼吸おいて、のみ込むための準備をします。梅干しやレモンなどのすっぱいものを思い浮かべて、唾液がじわっとわいてきたら、ゆっくり、あごを引きながらゴックンとのみ込むと準備運動になります。

「いただきます」と大きな声で言うのもいいでしょう。テレビに気をとられていたり、おしゃべりをしながらだと、むせやすくなるので、「ながら食い」はやめます。

コロナ禍で、誤嚥性肺炎が増加しています。なんと4万人を超える人が1年間に亡くなっているのです。マスク生活で水分をとる機会が減り、口の中に細菌が繁殖しやすくなっていることも一つの原因と考えられています。ふだんから丁寧に歯磨きをして、口腔内環境をよくしましょう。口の中がネバネバしてきたら、うがいをするだけでもOKです。

おいしく安全に食べるためには準備運動が必要。
唾液をしっかり出すことで、誤嚥やむせ返りは防げる。

三日坊主を忘れる

「やる気」がなくても運動できる仕掛けをつくる

「健康のために、運動の習慣を身につけましょう」と言うけれど、これがなかなか難しい問題です。

もともと運動が好きな人は体を動かすことの心地よさを知っているので、人に言われなくても運動を続けることができます。

しかし、運動が嫌いな人こそ、運動習慣が必要なのに、なかなか続きません。はじめの3日ほどは続きますが、「雨が降った」「仕事が忙しい」などのちょっとした理由で、運動をサボってしまいます。その結果、「自分は意志が弱いから」と落ち込んだりします。意志の力に頼るからいけないのです。

愛知県にあるスギ薬局の本社に講演に行きました。事務所のまわりにはウォーキング廊下が設計され、スタッフがトイレに行くときには、長い廊下をウォーキングできるような仕掛けがありました。トイレ休憩が体を動かすチャンスになるという発想です。

トイレならだれでも行くので、意志の力は必要ありません。わざわざウォーキングのために時間を割く必要もないのです。働く人のことを考えた「健康経営」だなと感心しました。

運動を習慣化するということは、日常生活に運動を組み込むことです。毎日必ずすること、たとえば歯磨きのときには、つま先立ちからかかとをストンと床に落とす「かかと落とし」やスクワットをする。買い物に行くときには、いちばん遠い駐車場に車を停めて歩く。「近い駐車スペースは高齢者にゆずろう」なんて言う高齢者がいたら、かっこいい歳の忘れ方だと思います。

スーパーやショッピングモール内も、すみからすみまで歩くといい。雪の多い地域や猛暑の季節でも、いつでも快適に歩けるし、階段を使えば運動強度は上がります。買い物をする前に、2周は歩いて品定めをすると、無駄なものを買わずにすむかもしれません。

意志の力がなくても、知らないうちに運動しているのが理想。生活のなかに運動の仕掛けをたくさんつくろう。

手抜きやズボラへの後ろめたさを忘れる

健康づくりに完璧主義はいらない

20年以上前、地域医療に取り組むなか、患者さんたちとの触れ合いを書いた『がんばらない』（集英社）は、大きな反響をいただきました。ベストセラーとなり、ドラマ化もされました。

この「がんばらない」という言葉は、ある患者さんとのやりとりのなかで気づかされたものです。まだ青年医師だったぼくは、40代の末期がんの女性を回診し、いつものように「がんばりましょう」と声をかけて病室を出ようとしました。その直後、何かおかしい気配がしました。振り返ってみると、その患者さんが涙をポロポロと落としていました。

「先生、今日までがんばって、がんばって生きてきました。もうこれ以上、がんばれません」

人にはがんばれないときがあるのだ、ということに気づかされました。

それ以来、ぼくは「がんばらない」を意識してきました。ついついがんばってしまうところを、ぐっとこらえています。その精神で始めた文化放送のラジオ番組「日曜はがんばらない」（毎週日曜日・午前6時20分〜）は10年以上続いています。「がんばらない」意識は大事なのです。

このところ、ぼくが出す本には、「手抜き」や「ズボラ」という言葉がついています。「がんばらない」から、ついに「手抜き」や「ズボラ」にまで進化しました。我ながら笑ってしまいます。けれど、食事や筋トレなどの健康づくりを毎日継続していくためには、手抜きをしたり、ズボラであったりするくらいがちょうどいいのです。

ウォーキングや筋トレをサボってしまったあとで、その自分を責めても、過ぎた時間は戻りません。それよりも、三日坊主になっても4日目に「また始めよう」と思うような〝図太さ〟が大事なのです。

がんばれないときがあって当たり前。
継続するには「手抜き」や「ズボラ」くらいがちょうどいい。

血圧の「ふつう」を忘れる

「正常値」に縛られなくていい

高血圧の診断基準は、最大血圧が１４０㎜Hg以上か、最小血圧が90㎜Hg以上になる場合で、正常血圧は１２０／80です。

ぼくは、多くの高血圧患者さんに「１３０／80」を目標に生活指導をしています。まずは生活習慣の改善が大事です。すぐに薬を出すことはしませんが、必要なときには出しています。

70歳以上の人には、血圧の治療目標設定を１５０／90に上げています。高齢になると軽い動脈硬化を起こしている人が多くなります。その状態で、無理やり多量の薬で血圧を下げると、脳や心臓へ血液を流す力が弱くなってしまい、かえってよくありません。

年齢や血管の状態を見極めて、微妙なさじ加減が必要なのです。やはり、正常値にこだわりすぎず、高血圧につながるような生活全体を改めていくというのが基本です。血圧からは、高いか低いかという以外に、もっと踏み込んだこともわかります。次の計算をしてみてください。

脈圧＝最大血圧－最小血圧

脈圧は、大動脈や心臓の冠動脈といった太い血管に動脈硬化があるかどうかの目安になります。血圧が１２７／78の場合、脈圧は49です。30～50は正常と考えています。65以上になると太い血管の動脈硬化を疑い、レントゲン検査やエコー検査、心電図の検査などをしています。

みなさんも自分の血圧を測り、脈圧を計算して、血圧管理のモチベーションにつなげてほしいと思います。脳梗塞や心筋梗塞を起こす太い動脈の老化を防ぐには、運動、野菜、減塩がキモです。

血圧はかなり高くなっても、自覚症状はほとんどありません。「静かな殺し屋」（サイレントキラー）ともいわれるように、じわじわと血管を傷つけ、脳卒中につながる動脈硬化を進めます。高血圧患者は正常血圧の人より認知症のリスクが1・6倍に高まるという研究論文もあります。

正常値にこだわりすぎず、上手に血圧をコントロールしていきましょう。

「正常値」のために生きているのではない。数値は柔軟にとらえながら、生活習慣を改善していこう。

「卵は一日一個まで」を忘れる

70歳を超えたらコレステロール値は気にしない

総コレステロール値の適正域は、220mg／dl未満。コレステロール値が高くなると動脈硬化や脳卒中のリスクが高まるため、医師から薬を処方された人も多いのではないでしょうか。ぼくは、70歳を過ぎたら、総コレステロール値はあまり気にしなくてもいいと考えています。むしろ、少し高い人のほうが血管障害は起こりにくく、低いと死亡率が高くなるというデータがあります。

ぼくの内科外来では、70歳以上で280を超える場合は、患者さんと相談し、コレステロールを下げる薬を処方します。２５０～２６０くらいの場合は生活習慣を改善することを中心に、コレステロール値が下がるかどうかを見ていきます。
コレステロールを下げるには、適度な運動がいちばん。外来ではウォーキングやスクワットなどの筋トレをすすめています。食物繊維はコレステロールや中性脂肪を体外に排出するのを助けるので、野菜やきのこ、海藻などをたっぷりとりましょう。また、高野豆腐やそばなどに含まれるレジスタントプロテインは、血中のコレステロールを低下させるといわれています。かつて卵は一日一個までといわれましたが、この制限は撤廃されました。脂質異常がなければ、卵はいくつ食べても大丈夫です。

70歳を過ぎたら、コレステロール値は少し高めでＯＫ。
運動して食物繊維をたっぷりとって、数値の推移を見守ろう。

姿勢に悪い習慣を忘れる

毎日、姿勢をリセットする

毎日の生活習慣によって、いつの間にか背中が丸まって猫背になったり、ひざや腰が曲がったりします。健康のためウォーキングをしている人も、姿勢がよくないとひざや腰に負担がかかったり、関節の可動域が狭まったりするので、ときどき姿勢をチェックしましょう。

正しい姿勢を横から見ると、腰椎《ようつい》や頸椎《けいつい》がゆるやかなS字を描いています。全身が映る鏡の前に立ち、正面や横から自分の姿勢を見てみましょう。壁に背をつけてまっすぐに立ってみるのもいいでしょう。壁にかかとをつけて立ったとき、背中や後頭部が壁につかない人は、姿勢が前傾している証拠です。

姿勢のゆがみの原因の一つは筋力の低下です。また、いつも同じ肩にバッグをかけている、足を組んで座るときに上になる足がいつも同じなど、左右どちらか一方に偏っている習慣によっても生じます。こうした姿勢のクセを、一日一回、姿勢を正してリセットしましょう。

姿勢が正しいと、見た目も若々しくなります。気持ちも前向きになり、関節のトラブルも防いでくれます。

正しい姿勢はやる気のもと。外見も若々しく、活動的になる。
うつうつとした気分のときほど、胸を張るといいんだ。

ゴシゴシ洗いを忘れる

ナイロンタオルは使わず、手のひらで洗い流す

毎晩、お風呂にゆっくりつかることは、自律神経を整える意味でも、安眠のためにも、そしてもちろん清潔を保つ意味でも大切な習慣です。

ただし、体の洗い方で注意したいのは、ゴシゴシ洗い。ナイロンタオルで赤くなるほどゴシゴシ洗わなければ洗った気がしないという人がいますが、皮膚の角質層が削られてしまいます。高齢になると皮膚が薄くなり、ちょっとした刺激で皮膚がかゆくなる老人性皮膚掻痒症《そうよう》が多くなります。

皮膚がかゆいからといってナイロンタオルでゴシゴシ洗うと、ますますかゆみが悪化してしまいます。

毎日お風呂に入る人なら、お湯をかけて、手のひらで皮膚をやさしくこすり洗いするだけで十分です。せっけんやボディソープを使いたいという人は、泡をたっぷり立てて、泡の力で洗うようにします。

お風呂あがりは、ボディクリームや保湿剤を忘れずに。

また、皮膚に栄養を与えている毛細血管の老化は、運動で防ぐことができます。内と外から皮膚の健康を守りましょう。

皮膚のバリアを傷つけないように。
手のひらでやさしく洗うだけで十分、清潔は保てる。

「眠らなきゃ」の焦りを忘れる

いい睡眠を得るための6つのポイント

なかなか眠れない、ちょっとした物音で目が覚めてしまう、疲れがとれず日中に眠くなる……そんな睡眠の悩みはありませんか？

日本では約2000万人が睡眠障害を抱えているといわれますが、そのなかには加齢にともなって増えるものもあります。高齢者が睡眠の悩みを抱えやすいのは、睡眠を促すメラトニンというホルモンの分泌が少なくなるから。また、運動不足になりがちで、適度な疲労感が得られないため、寝つきが悪くなるのも原因です。

睡眠時無呼吸症候群やむずむず脚症候群、認知症などの病気のほか、親しい人との死別など心理的なストレスが不眠の原因になっている場合もあります。

睡眠不足がいつまでも解消されないでいると「睡眠負債」が蓄積され、心臓病やうつ病、がんなどのリスクを高めます。ストレスもたまり、肥満やメタボになる人も増えてきます。集中力や注意力も低下し、仕事中のミスや事故にも注意しなければなりません。

日本疫学会での報告によれば、睡眠薬の服用率は日本人成人の7・4％といわれ、若者よりも高齢者に、男性よりも女性に多いことがわかりました。70歳以上の女性では4人に1人が、80歳以上の女性では3人に1人が睡眠薬を服用しているという実態もあります。想像以上に多くの人が睡眠薬に頼っていることに驚かされます。

睡眠薬は量が増えたり服用期間が長くなると、依存症が心配になります。睡眠薬をのまないと眠れなくなるのです。眠れないときに服用するくらいなら問題はありませんが、常用している人は少しずつ薬を減らしていくことをおすすめします。

実は、ぼくも数年前から睡眠薬を常用していましたが、薬の量を少しずつ減らし、いまは薬なしで快眠が得られるようになりました。その体験で大事だと思ったのは、「無理に眠ろうと思わないこと」。睡眠に悩みがあると、眠ろう、眠ろうとしてベッドで過ごす時間が長くなりがちですが、ベッドに入ったらバタンキューが理想です。

いい睡眠を得ようとするなら、寝室の外に目を向けましょう。ポイントは次の6つです。

①朝、太陽の光を浴びる……朝、光を浴びると、脳にある体内時計の「親時計」がリセットされ、夜、睡眠を促すメラトニンを分泌します。よい睡眠づくりは、朝の光から始まっています。

②朝食をしっかりとる……朝食をとると、各臓器にある体内時計の「子時計」が動きだし、代謝が働きはじめます。朝食でとったエネルギーは日中の活動に使われるため、日中の充実度を高めます。

③日中は積極的に運動する……いい睡眠には適度な疲れが必要です。とくに、メラトニンの分泌が少なくなった高齢者は、日中を活動的に過ごすことが〝睡眠薬〟にな

ります。ウォーキングや、自分の体重を利用したスクワットなどの自重筋トレを行いましょう。ぼくはおなかをふくらませる「腹式呼吸」を1時間に1回ほど行い、ときどき副交感神経を刺激したところ、睡眠薬がいらなくなりました。ストレッチも交感神経と副交感神経のバランスを整え、よい睡眠に導きます。ただし、夜になってから運動するとメラトニンの分泌を妨げるため、運動は夕方までにすませて、夜はできるだけゆったり過ごします。

④昼寝は20分以内に……長時間昼寝をすると、夜になってもなかなか眠気が起こりません。昼間の仮眠は20分程度にします。列車や飛行機などの移動中はついつい眠くなりますが、ぼくはコーヒーを飲んでからスマホの振動アラームをセットし、20分で起きるようにしています。カフェインの覚醒作用が、寝すぎるのを防いでくれます。

⑤週末の夜ふかしは2時間まで……休日は羽を伸ばし、お酒を飲んだり、夜ふかしして映画を観たりする人も多いでしょう。でも、2時間以上夜ふかしをすると、体内時計が乱れ、もとに戻すのに時間がかかります。基本的には、平日も休日も同じ時

間に起床し、ズレても2時間以内になるように就寝します。

⑥夜は照明を落としてゆったり過ごす……「夜になったら無意識に天井の照明をつける」という習慣を見直してみましょう。ホテルのように間接照明を上手に使い、くつろげる雰囲気をつくります。大画面のテレビやスマホの強い光は、睡眠をもたらすメラトニンの分泌を抑えてしまいます。夜9時を過ぎたら、できるだけテレビもスマホも消して、ゆったりとした音楽を聴く時間をもつというのもいいでしょう。副交感神経が優位になり、睡眠の準備ができます。

睡眠の質は、日中の過ごし方で決まる。
体内時計と自律神経を意識すれば、いい眠りがやってくる。

〝名医信仰〟を忘れる

病院嫌いのための、かかりつけ医との付き合い方

多くの人は「名医」にかかりたいと願いますが、かかりつけ医として選ぶなら、狭い分野で専門性を発揮する「名医」よりも、なんでも相談しやすい「良医」のほうが頼りになります。良医は、高齢期を最後まで伴走してくれるのです。

ぼくが名誉院長を務める長野県の諏訪《すわ》中央病院は「総合医」の研修が充実していて、日本各地の医学部を卒業した若いドクターたちが研修に来ます。この総合医は良医になる可能性が大きいと思います。

20年ほど前、ぼくは『病院なんか嫌いだ』（集英社新書）の中で、「良医」にめぐりあうための10箇条を次のように紹介しました。

①話をよく聴いてくれる
②わかりやすい言葉でわかりやすく説明してくれる
③薬や検査よりも生活指導を重視する
④必要なときは専門医を紹介してくれる
⑤患者の家族のことまで考えてくれる
⑥患者が住む地域の医療や福祉をよく知っている
⑦医療の限界を知っている
⑧患者の痛みやつらさ、悲しみを理解し、共感してくれる
⑨他の医師の意見を聞きたいという患者の希望に快く応じてくれる
⑩ショックを与えずに真実を患者に伝えられる

この10箇条は、ぼくが医師として心がけてきたことでもあります。いま読み返してみると、どれも当たり前のことのようですが、当時の診察室では当たり前になっていなかったのです。いまもそうかもしれません。

この10箇条を、永六輔さんがラジオ番組などでたびたび取り上げてくれました。そのうちに、「いい患者の10箇条」なるものもつくられました。その10箇条目がすごいのです。

「生きているのに、ご臨終ですと言われたら、死んだふりをしてあげる」

これには笑ってしまいました。笑えるだけでなく、「医者だって人間だからミスするものだ」という、ちょっとした毒も感じられます。

けれど、永さんの意図は、もっと深いところにあるのかもしれません。「ご臨終です」と言われて、しばらく死んだふりをしたあと、「ぼく、まだ生きてるよ」と薄目を開けて周囲を驚かせる。そんなことがあったら、湿っぽい臨終の場面は一転して大爆笑に変わります。

　患者本人も、医師も、看護師も、家族も大笑いしながら、力を抜いて「死」を迎え入れることができたら本物の大往生です。

　死ぬときは、どんな経過をたどるのか。痛みや苦しみはないのか。それを取り除く方法はあるのか。最期まで点滴をする必要はあるのか。そうした死への経過を説明してくれて、「いつでもそばにいるから大丈夫」と言ってくれる医師が「良医」であり、その役割に気づかせてくれる患者が「いい患者」なのでしょう。


薬や検査よりも生活指導を重視する医師なら最高。

死について恐れず語り合える関係をつくりたいね。

不要な検査・治療を忘れる

終末医療はどこまで必要？　家族に意思を伝えておく

健康のためとはいえ、痛い、つらい、恥ずかしい検査はできることなら受けたくありません。なかには、微量ながらも放射線被曝《ひばく》をする有害な検査もあります。何が必要で、何が不要な検査かの見極めが重要になります。

アメリカの内科専門医認定機構財団では、不要な検査や治療をなくす「チュージング・ワイズリー（賢い選択）」という取り組みをしています。たとえば、大腸内視鏡検査は5年、10年に一度で十分。必要以上に多く検査すると、検査による合併症のリスクや費用が高くなってしまい、検査によるデメリットがメリットを上回ってしまうというのです。

また、チュージング・ワイズリーでは、健康で無症状の人にPETによるがん検診や、MRIによる脳ドックも推奨されていません。日本ではこれほどスッパリ切り捨てられていませんが、ぼく自身はこれらの検査を受けていません。家族がくも膜下出血を起こし、自分も起こすのではないかと心配しすぎる患者さんには、脳動脈瘤を疑い、保険診療のなかで造影CT検査やMRI検査をすることもあります。

日本では、ちょっとした発熱に対しても抗生物質を処方する医師がいますが、感染症には効果がなく、むしろ多剤併用によって耐性菌をつくり、抗生物質が効かなくなるリスクがあります。不要な服薬や治療はしないことが大切なのです。

とくに、不要な医療が問題になるのが終末期です。口から食べられなくなったときに、胃ろうをつくって栄養を得られるようにすることがあります。その処置を受けるかどうか、家族や主治医に伝え、できれば書面にしておきたいものです。

自発呼吸ができなくなったとき、人工呼吸器をつけるかどうか。心臓が止まったあと、蘇生処置をするかどうか。最期はどこで過ごすか。そういったことをよく考え、毎年、自分の誕生日などに意思を伝えておくこと。

自分の人生のしめくくりを後悔しないために、何が不要で何が必要か、健康なときから考えておきましょう。

胃ろうや人工呼吸器、蘇生処置……決めるのはあなた。
健康なうちによく考え、家族や主治医に意思を伝えておこう。

第3章
不機嫌、退屈、ガマン……
負の感情を水に流す

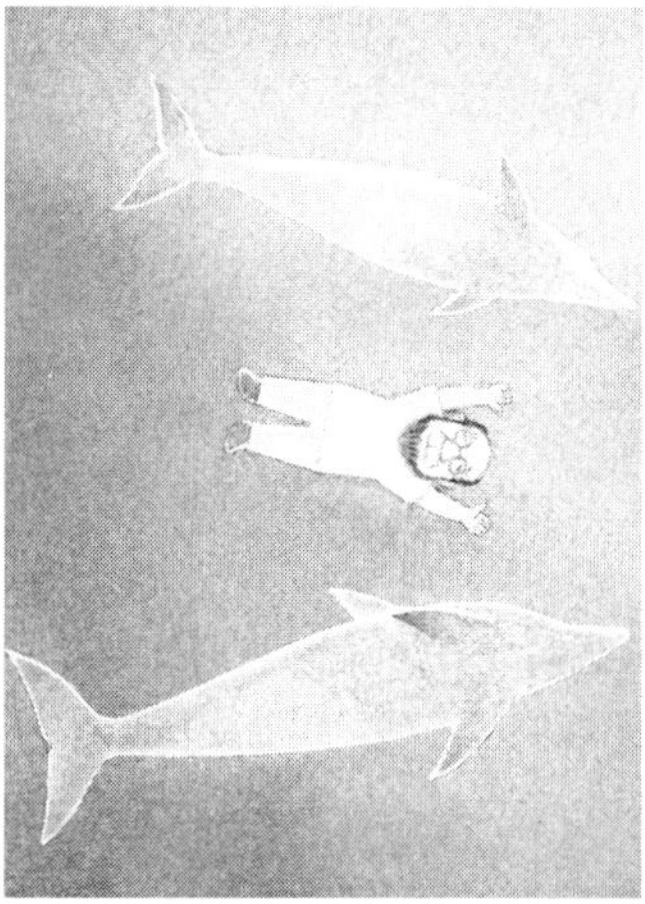

昨日までのモヤモヤを忘れる

心のウツウツは心で解決しようとせず、体を動かせ！

ああすればよかった、こうすればよかったと、気がつけば過去のある出来事に立ち戻り、堂々巡りをしてしまうことがあります。うまく忘れられないから、こうしたことが起こるのです。

そういうときの体は、たいていうつむき加減で、視線も下を向いています。うつうつとした心を晴らすには、心だけで解決しようとするのではなく、むしろ体から心へアプローチしたほうが簡単に快方に向かいます。

ぼくは毎朝、全身のストレッチをしています。バンザイをするように両腕を上げて全身を伸ばし、胸を大きく開きます。

そのとき、吸い込んだ息で胸をふくらませる胸式呼吸をしましょう。胸式呼吸は、自律神経のうち交感神経が刺激されるので、気持ちが明るくなり、やる気が出て、チャレンジ精神がわいてきます。

リタイア後、「一日やることがない」と思っている人も、バンザイで心のストレッチを続けているうちに、何か「やりたいこと」が出てくるかもしれません。

朝日を浴びながらやると、もっとよいでしょう。ヒトの体内時計は一日24・5時間で、地球の自転と30分程度の差がありますが、起床後、朝日を浴びると体内時計のズレをリセットしてくれます。

一日の始まりに、新しい気持ちで、新しい空気を胸に吸い込んでみましょう。たいていの過去のモヤモヤやウツウツは、いつの間にか忘れることができます。

朝日を浴びてバンザイ！　胸を大きく広げよう。
視線を上げるだけで、何かが変わるんだ。

不機嫌を忘れる

「もやもやした感情」にはヘンテコな名前をつける

大好きな絵本に『なまえのないねこ』（竹下文子・文、町田尚子・絵、小峰書店）というのがあります。

外で暮らすのらねこは、名前がほしくてたまりませんでした。靴屋のねこにも、本屋のねこにも、そば屋のねこにも名前があります。町中を、自分の名前を探して歩きますが、どれもしっくりきません。「きたないのらねこ」と追い払われ、孤独を感じていると、一人の少女が声をかけてきました。そのときねこは気づくのです。ほしかったのは、名前じゃなかった、名前を呼んでくれる人なんだ、と。

とても素敵な物語で、佐賀にある「まちなかライブラリー鎌田文庫」の「鎌田實が選ぶ絵本ベストテン」の4位に選びました。

名前がない状態は、存在しているのかしていないのかわからない、宙ぶらりんな状態です。それと同じように、日々の感情にも、複雑で微妙でなんとも名づけにくいものがあります。自分でも理由がわからないけれど、むしゃくしゃする。気分が晴れない、ネガティブに考えてしまう。そんなもやもやした感情を無自覚にためこんでいませんか?

人に嫌味を言ったり、SNSに過激な投稿をしたり、身近な人にトゲのある言葉を吐いてしまったり。言葉に出さなくても、不機嫌オーラを噴出して、まわりを凍りつかせたり。そんな行動の根底には、名前のない感情がたまっているかもしれません。とくにコロナ禍では、そういう人が増えたのではないかと思います。

ときどき、自分はどんな感情を抱え込んでいるのか点検してみましょう。「ああ、いま、おれはあの仕事が滞っていて、焦ってるんだ」というとき、ぼくは「仕事あせあせ症候群」なんて勝手な名前をつけて、自分を笑っています。できるだけおもしろい名前をつければ、深刻になりすぎません。

自分が抱えている現状がわかると、対処法も見えてくるので、イライラや不安も小さくなっていきます。うれしい、楽しいというプラスの感情だけでなく、悲しい、悔しい、ねたましいといったマイナスの感情も、「そうだよな」と引き受けてあげたらいい。そのときは落ち込むかもしれませんが、一度落ち込んだあとは浮上してきます。

不機嫌な気持ちは放っておかない。
おもしろい名前をつけて、クスリと笑えたらご機嫌になれる。

怒りを忘れる

ムカッときたら、「唱える」「離れる」「気をそらす」

元プロテニス選手、ロジャー・フェデラーのファンです。彼はもともと気性の荒い選手で、うまくできないと感情を爆発させ、ラケットをたたきつけて壊したり、試合そのものを壊したりしていました。その彼が、4大大会を20回も制覇できたのは、怒りをコントロールできたことが大きかったと思います。

高齢になると、キレやすくなる傾向があります。怒りをコントロールする前頭前野の働きが低下するためと考えられています。すぐに頭に血がのぼって、怒りを爆発させてしまう人は、怒りを忘れる技術を身につけることが大事です。アンガー・マネジメントです。

怒りのホルモンは、6秒でピークを過ぎるといわれているので、この6秒をやり過ごす技術を教えましょう。カッとすることがあったら、「パ・タ・カ・ラ、パ・タ・カ・ラ、パ・タ・カ・ラ……」と声に出して言ってみましょう。できるだけ早口で言うと効果的です。

その場に相手がいたら、ぎょっとされるかもしれませんが、逆に緊張がゆるんで笑いが起こるかもしれません。この本がベストセラーになって、家や職場で「パ・タ・カ・ラ、パ・タ・カ・ラ、パ・タ・カ・ラ……」とやっている人が出てきたらおもしろいですね。「怒りをコントロールしようとしているサインだ」とわかります。これは家庭や会社の空気を変えるうえで、とても役に立つはずです。

本来の「パタカラ運動」の目的は、口のフレイル（虚弱）を防ぐために、舌や口のまわり、のどの筋肉を鍛えるもの。嚥下《えんげ》機能や滑舌をよくします。けれど、パタカラという言葉は意味がないので、怒りをやり過ごすにもぴったりなのです。マントラ

（真言）みたいなものです。

怒りを忘れるには、その場から離れるというのもいい方法です。

つれあいの言動にムカッときたら、「その件はあとで話そう。ちょっと散歩に行っちょっと散歩に行ってくる」などと言って、その場から離れます。ぐずぐずとその場にとどまると、売り言葉に買い言葉の不毛な口論が始まってしまいかねません。「あのときのあれが許せない」などと、芋づる式に怒りが掘り起こされていくと、もう大惨事です。

怒りから気持ちをそらすために、軽い運動をするのもいいでしょう。前述した「速遅歩き」などを15分ほど続ければ、怒りも収まって、最後には怒っていたことさえ忘れているかもしれません。

それでもまだムカムカする場合は、スクワットを10回ほど追加。運動すれば体も適度に疲れ、寝つきもよくなります。一晩よく寝れば、ほとんどの怒りは跡形もなく消えています。

内科医として50年近く、病気になった患者さんの悲しみや苦しみ、納得できない怒りに付き合ってきました。その長い経験から、つらくなった心を解きほぐすためには心のもち方を変えることではなく、ホルモンや、体を動かすことに頼るのが正解だとわかってきました。

怒りは悪いことばかりではありません。怒りによって分泌されるアドレナリンは、自分を高めたり、何かを成し遂げるための原動力になります。フェデラーは怒りをコントロールして、試合に勝てただけでなく、人間的にも成長できました。ファンに愛され、選手仲間からは尊敬され、惜しまれて引退しました。

アンガー・マネジメントで気持ちを落ち着け、冷静な判断力をもちながら、怒りのパワーを活用できたらいいですね。

アンガー・マネジメントで〝キレる老人〟を卒業。
怒りを上手に手なずけて、パワーに変えよう。

悲観的な考えを忘れる

苦しい手札もひっくり返すジョーカー

72歳のユキオさんは食道がんを患い、内視鏡的粘膜切除術や放射線治療を受けたものの、いよいよ限界を迎えました。厳しい余命の話もしました。しかし、彼は「なんとかなるだろう」とニコニコしていました。「きっとよくなるよ」と言いつつも、死の準備を始めたのです。

身寄りがないので、自分で葬儀社を呼び、いちばんお金がかからない方法を選んで、前金を払いました。年金で細々と暮らしていましたが、お金が残りそうだからと、病院に寄付を申し出てくれました。

大切な2万円。ぼくたちはもちろん「もらえない」と断りました。でも、ユキオさんの意志は固かった。「もらってくれなければ困ります」と何度も繰り返しました。

そのころ緩和ケア病棟に、「死ぬ前にメロンが食べたい」と言う患者さんがいました。そこで、ぜいたくだけどメロンを買って、メロンパーティをやろうかという話になりました。ユキオさんの2万円が一役買ったのです。

「メロンを食いたい」とうわ言のように言っていた患者さんが、夢がかなって、最高の笑顔を見せました。それを見たユキオさんも最高の笑顔。

はたから見れば、彼の人生は幸せとは言いがたいものでした。けれど、本人はどんな状況でも「なんとかなるさ」と楽観していました。楽観力って、幸せになるためのジョーカーみたいなものです。ネガティブな札をすべてポジティブな札に変えて、彼は人生を締めくくりました。

悲観的な考えは、健康にも大きな害を及ぼします。

フィンランドの男女2267人を対象に、11年間の調査をした研究によると、狭心症や心筋梗塞などの冠動脈疾患による死亡率は、悲観的な傾向をもつ人のほうが、悲観的ではない人より2・2倍も高かったのです。

アメリカのペンシルベニア大学では、どんなにストレスや不安、怒りがあっても、それをどのように受け止めるかが心臓病に関係していると発表しています。心のもち方が大事ということです。

この2つの研究が物語るのは、楽観的に考えたほうが心臓病は少なくなるということ。自分の心のもち方で心臓病のリスクを減らすことができるということです。

年齢を重ねると、いつもいい結果になるとはかぎらないことがわかります。むしろ、人生は思いどおりにならないことばかりです。それでも、できるだけポジティブに明るく、悪い予想は捨て去ること。なるようにしかならないと力を抜き、あえて楽観的な考えを選択する心の強さをもちたいものです。

人生は思いどおりにはいかない。
それでも、あえて明るいほうを選択できるのが人間の強さだ。

ネガティブな言葉を忘れる

暗い言葉は、少しずつ明るいほうへ変換してみる

「〜だからしかたない」「どうせ私なんか」「だからダメなんだ」

そんなネガティブワードが口癖になっていませんか。

自分や他人を傷つけ、おとしめる言葉がある一方で、人を癒やし、勇気づけるのも言葉です。

日本テレビ系のニュース番組「news every.」のメインキャスター藤井貴彦さんのコメントは、「心にしみる」「救われた」と注目され続けています。ぼくもこの番組のコメンテーターを7年務め、すぐ近くで「今日はどんなことを言うんだろう?」と藤井さんのコメントを楽しみにしてきました。

そんな「伝えるプロ」の藤井さんでも、吟味に吟味を重ねて言葉を選び、入念に準備を重ねているのです。

「○○でもいいや」は「○○だからいいのだ」に、「○○しかない」は「○○もある」に言い換えてみましょう。「もう死ぬしかない」と追い込まれても、「死ぬ自由もある。生きる自由もある」とまだ選択肢があることを自覚すれば、腹をくくりなおすことができます。

藤井さんは、「発する言葉が未来をつくるという意識をもつこと」と言っています。ネガティブな言葉はネガティブな未来しかつくりません。そんな言葉は忘れていいのです。

批判や反省はあったとしても、そうであったらいいなという明るい未来につながる言葉を探していくことが大事なのだと思います。

口に出す言葉が未来をつくる。
明るい未来につながる言葉を探していこう。

「ガマンのおしゃれ」を忘れる

「いつも同じ」があってこそ、変化が新鮮になる

「おしゃれはガマン」と言われますが、ガマンなんかまっぴらごめんです。パパッと着られて、着心地がよく、ユニークで心がウキウキする、どこから見ても「鎌田實らしい」ものが、ぼくにとってのおしゃれです。

白衣は長年のぼくの仕事着です。これを着れば、医師としてのスイッチが入ります。講演会をしたり、作家として仕事をするときは、もちろん白衣は着ません。

そんなときに重宝しているのが、ストールと帽子です。帽子のいいところは、スーツはもちろん、ファストファッションのTシャツでもサマになること。ストールもさっと巻けば、首元がもの足りないときにも、肌寒いときの防寒対策にも便利です。

以前、帽子デザイナーの平田暁夫さんのお店を訪ねたとき、平田さんから「いま似合わなくても、かぶり続けていれば自分の一部になる」と言われたのを覚えています。当時、ドキドキしながらオーダーメイドでつくってもらったパナマ帽は、その言葉どおり、すっかりぼくの体の一部のようになりました。

自分の定番をもつと、おしゃれについてあれこれ考える必要がなく、とても楽です。そして、定番をもつからこそ、型を破っておもしろがることができるのです。

自分らしい定番のスタイルをもとう。
毎日の着替えに悩まず、気分も上がる。

人とのわだかまりを忘れる

大切な人に伝えたい5つの言葉

『愛する人に伝える言葉』という映画に見入ってしまいました。ブノワ・マジメルが演じる膵臓《すいぞう》がんを宣告された息子と、カトリーヌ・ドヌーヴ演じる母親の物語なのですが、この名優たち以上に存在感を出していたのが、現役の医師でもあるガブリエル・サラです。

ガブリエル・サラは、ニューヨークのマウント・サイナイ・ウェスト病院で化学療法病棟の医長などを務めています。映画のなかでも医師、ドクター・エデとして登場しますが、現実の世界でも劇中のように患者さんと触れ合っているのでしょう。そのふるまい一つひとつが心に残りました。

たとえば、最期に立ち会えなかった家族が登場します。ドクター・エデは、最期は患者が自分で決めているのだから、立ち会えなくてもそれはそれでいいのだ、という意味の言葉を述べています。もっとがんばれと言い続ける家族に対して、「旅立つ許可を与えましょう」と言うのも、なんと勇気のいる言葉だろうと思いました。

ドクター・エデが大切にしている言葉は、「オレを赦《ゆる》して」「オレは赦す」「ありがとう」「さようなら」「愛してる」の5つだといいます。

ぼくは何年か前に遺書を作成しました。その最後に、「サンキュー、グッバイ」と書きました。この映画を観てから、人生を終えるときは「オレを赦して。オレは赦す」と言って過ちを清算できたらいいなと思っています。そして、まわりの人や、これまでの自分の人生に感謝しながら生を終えることができたら、それはとても幸せな死です。

でも、よく考えてみると、「オレを赦して。オレは赦す」と言えるチャンスは、死ぬ間際でなくても、もっと以前からたくさんあるはずなのです。

ぼくは、あるルールをつくりました。「一つ赦せば、自分も一つ赦される」というルールです。だれかに不快な思いをさせられたこと、迷惑をこうむったことなどがあれば、それを赦すこと。それができたら、自分で自分の嫌なところや失敗も赦していい。そう考えれば、相手を赦すことのハードルも低くなります。むしろ、どんどん赦したくなっていくのです。

子どものころなら、ケンカしても「ごめん」と言って握手ができました。大人になってからも、そんな素直さをもって、軽やかに生きたいと思っています。

相手を一つ赦したら、自分のことも一つ赦そう。
人生最後の日のつもりで「ごめん」と握手して、
身軽になれたらいいな。

笑われることの恥ずかしさを忘れる

「人に笑われてナンボ」と思ってみる

育ての父から「人に笑われるようなことをするな」と厳しく言われてきました。あまのじゃくなぼくは、人に笑われたってかまわないとずっと思ってきました。むしろ、「笑ってもらってナンボ」と開き直っています。おおいに笑ってもらえれば、あとは仲良くなるだけです。

30年ほど前、原発事故後のチェルノブイリで放射能汚染状況や子どもの健康状態を調査し、それを現地の住民に発表する機会がありました。会場のホールは子どもたちの未来を心配する人たちで500席が埋まり、立ち見も出ていました。重苦しい空気が流れていました。

登壇したぼくは、第一声、覚えたてのロシア語で「カチューシャ」を歌いはじめました。満員の会場からはどよめきが消え、全員がキョトンとしました。

ぼくは自他ともに認める音痴。みんな、何が始まったのか、すぐには理解できなかったようです。けれど、そのうち「カチューシャ」を歌っているらしいぞとわかってくると、笑いが起こりはじめました。笑いは大笑いになり、手拍子と足拍子も始まりました。会場の空気が一気に変わったのです。

この一体感があったからこそ、国の違いを超えて、大事なことを話し合えたのではないかと思っています。

その後もぼくは、笑いを武器にしてきました。

『人間らしくヘンテコでいい』（集英社）という本を書くために、人類発祥の地アフリカを縦断したときも、笑いに救われました。ジンバブエの空港で入国審査を受けていると、2人の青年係官がぼくのパスポートを見ながら笑い転げているのです。ガイドに理由を聞くと、カマタとは、ジンバブエの主要な言語であるショナ語でお尻という意味なのだそう。

ぼくはやぶれかぶれになって、「アイ・アム・オシリ」とおちゃらけました。係官たちからは握手を求められ、入国審査も心なしか簡単にすんだような気がします。

ジンバブエの隣国、ボツワナを訪ねたときもそう。運転手兼サファリガイドに、「マイ・ネーム・イズ・カマタ」と自己紹介すると、彼は30秒ほどの沈黙のあと、ガマンも限界とばかりに吹き出しました。笑いはいっこうに収まらず、ぼくの肩を抱き寄せて大笑い。ぼくも自分のお尻をたたいて大笑い。一気に仲良くなりました。

サファリツアーでも、この愉快なガイドはサイやゾウの後ろ側に回っては、カマタ、カマタ(お尻、お尻)と大騒ぎ。悪路を走るジープが揺れると、「カマタが痛い」。笑いの絶えない旅となりました。

一度体験すると、笑われるというのはそんなに怖くないことだとわかります。ちょっとだけ腹をくくって自分自身を笑い飛ばすと、笑われまいとしている自分から自由になれて、けっこううまくいくものです。

恥ずかしい思いは一瞬。
自分で自分を笑い飛ばしてしまえば、
あとはたいていうまくいく。

自己犠牲を忘れる

断りたいときは「NO」と言っていい

仕事を手一杯抱えているのに、上司から急ぎの仕事を頼まれ、「できません」と言えずに引き受けてしまった。「若いんだから頼むよ」と、地域の集まりや資源回収などの用事をいつも押しつけられている。本当は断りたいのに、義理の父母や親戚の言うことに従うしかない……。

意外に多くの人たちが、「NO」と言えず、自分の言葉をのみ込んでいます。断れないのは、空気を読んだ結果なのか、相手を立てようという姿勢なのか。結局、「自分さえガマンすれば丸く収まる」などと、じとっとした自己犠牲のカラにこもってしまうのです。けれど、自分の意見を尊重していないのは、上司や地域の人や義父母ではなく、本当は自分自身だということに気づいているでしょうか？

いいコミュニケーションはだれも犠牲にしません。相手の意見も、自分の意見も、どちらも大切にしてはじめて成立するコミュニケーションが「アサーション」です。

自分よりも相手を優先し、ＮＯと言えない人は「ノン・アサーティブ（非主張的）」、自分の主張を優先して、まわりを従わせる人は「アグレッシブ（攻撃的）」でよくありません。相手にも配慮しながら、自分の考えも表現し、お互いに歩み寄ることができる人こそ「アサーティブ（相手の主張も自分の主張も尊重する）」ということです。

アサーションでは、お互いに「いま、どんな状態か」という現状を把握し合うことがスタートラインです。頼まれた急ぎの仕事の緊急度や、自分がいま抱えている仕事の状況を上司と共有すれば、「では助っ人を一人頼もう」となるかもしれないし、「すぐにはできないけれど、○日までならできます」という提案もできるでしょう。

「人と違う意見を言うことや断ることは、相手を否定することではない」という基本的な姿勢を身につけましょう。断られた側も、断った側の現状を知れば、「今回はしかたないな」と納得できます。

会話では、上司と部下でも、親と子でも、先輩と後輩でも、基本的に対等です。タメ口で語り合っていいという意味ではなく、お互いに意見をよく聞き、自分の意見も表現できる対等な関係という意味です。

ぼくは若い人たちと一緒に仕事や支援活動をしています。気づくといちばんの年長者であることも多いのですが、そのときにまわりがノン・アサーティブなイエスマンだらけにならないように、「あなたはどう思う?」と意識して聞くようにしています。

「自分さえガマンすればいい」がいちばんダメ。「聞く力」と「伝える力」を兼ね備えたアサーションの技術を身につけよう。

ときには「つらい現実」を忘れる

悲しいときは「ちょいホ」「ちょいニヤ」「ちょいウマ」の時間を

「お亡くなりなった方がいるのだから、笑ってはいけないと思っていました」

東日本大震災で被災した人たちから、そんな言葉をよく聞きました。家族を亡くし、家や船や大切な資産を流された人がたくさんいました。大混雑の避難所で、自分だけ泣き叫ぶこともできない。ましてや笑うことなんてできないと、自分の心を封じ込めてしまった人がたくさんいたのです。

ぼくたちは「現実と向き合うことが大事」だと思い込みすぎていないでしょうか。

それは責任をもって生きるうえで大切なことですが、現実があまりにも厳しく、重たいときには、立ち尽くすしかなくなります。

被災地支援に行くときにぼくが心がけているのは、ちょっとだけ現実を忘れることができる時間をもってもらうこと。災害が起こった直後は、自衛隊や災害派遣医療チーム（DMAT）のような救命活動が必要ですが、助かった命を長く、元気につないでいくには、被災した人たちのレジリエンス（回復する心）をいかに呼び覚ますかが大事になってきます。

そのときに、少しの間、現実を忘れてホッとできる「ちょいホ」の時間や、大笑いはできないけれどニヤッとできる「ちょいニヤ」の時間、食べて心が弾むような「ちょいウマ」の時間がとても大切だと感じてきました。

東北の被災地に、化粧品メーカー・アルソアが化粧水のミニセットを寄付してくれました。被災後、肌をケアする気分になれなかった人が、化粧水で自分をいたわる時間をもつことによって、心の復興へと歩みだしたのです。

さだまさしさんといろいろな被災地へ行きました。「はじめて泣いた」「笑った」

「あのときから『なにくそ』っていう気持ちがわいた」と聞きました。

「人が亡くなったのに、笑っていいのか？」

こんなときだから、笑う力が必要だと思います。

「水害で家が水浸しになっているのに、ステーキなんて食べてる場合じゃない」

食欲がわかないときこそ、おいしくて栄養価が高く、心を満たすものが必要なのです。被災地の食事には、おにぎりと菓子パンがよく出ます。命を守るために、はじめの3日ぐらいはこれも大事です。でも4日目からは、お肉や野菜が必要です。ぼくが支援に入るときは、地元の若いシェフを連れて行って、ステーキ丼やすき焼き丼、子どもたちにはハンバーグサンド、ときには鰻丼を用意しました。

こんなときこそ、ちょっとぜいたくと思えるものが心を救います。ぼくたちが鰻丼やステーキ丼を届けると、みんなニヤッとしました。

避難所の体育館で寝ているだけでは筋肉がどんどん衰え、おにぎりと菓子パンで肥満体になっていきます。反対に、心はやせ細っていきます。タンパク質が大事なのです。

被災地ではスクワットも教えてきました。心が苦しいときは体を動かすといい。体と心はつながっています。「かかと落とし」で筋肉を動かすと、チャレンジングホルモンのテストステロンが出てきます。ぼくは「なにくそホルモン」と呼んで、「人生に苦しんでいるときは筋肉を動かせ」と言ってきました。「ちょい筋《きん》」ですね。

日本は災害の多い国です。被災地を支援するときには、どう声をかけたらいいのか悩みますが、「ちょいホ」「ちょいニヤ」「ちょいウマ」「ちょい筋」の時間を届けることを意識したら支援しやすくなります。

そして、自分自身が何かつらい出来事に出合ったときにも、心の中にレジリエンスがわいてくるまで、意識的に少しの間、現実を忘れる時間をもちたいと思います。

つらい現実は、思い詰めてもよけいにつらいだけ。
人生に負けそうなときは「ちょいホ」「ちょいニヤ」の時間を。

第4章
一度きりの老後を魅力的に生きるためのヒント

「幸せとは何か？」と考えることを忘れる

心拍数や体温を上げるだけでいい

日本人は胸を張って「アイム・ハッピー」と言わない国民性なのかもしれません。２０２２年の国連の世界幸福度ランキングでは、日本は54位でした。もしかしたら、「幸せとは何か？」なんて難しく考えすぎて、日常の小さなことに幸福感を見つけられない傾向があるのかもしれません。

スウェーデンにあるストックホルム商科大学のミカエル・ダレーン教授は、「幸福感は心拍数と関係がある」と言います。駅などで街頭インタビューをして、歩いている人に話しかけて「幸福」について聞いたところ、「歩きながらでもいいですか？」と言って答えてくれた人のほうが、幸福感が強い傾向があったそうです。

体を動かせば心拍数が上がり、体温も上がります。体温が上がると、幸せホルモンと呼ばれるセロトニンや快感ホルモンのドーパミンだけでなく、成長ホルモンの分泌も促進されます。成長ホルモンは新陳代謝に関係し、若返り効果がありますが、平熱が高めの人はこれらが出やすいのです。

ぼくは佐賀市でおもに中高年の人たちを対象に「がんばらない健康長寿実践塾」を開いていきます。国民健康保険中央会の2022年の発表によると、佐賀県の女性が健康寿命日本一になりました。塾でも「速遅歩き」や筋トレを始めたことで、「前よりも幸せを感じる」という声が多いのです。

収入が増えているわけでも、環境が変わったわけでもない。ただ、体を動かして心拍数や体温を上げるだけのことが、案外、幸福への近道なのかもしれません。

幸せとは、案外単純なもの。
頭で難しく考えず、体を動かして心拍数を上げよう！

老後の心配を忘れる

いまが真っ只中。その後の心配なんてくだらない

「老後の不安」について、その内容を調べてみると、多くは医療・介護のことと経済的な問題の2つに分けられます。歳をとると病気をしたり、介護が必要になる場合がありますが、そのときにどんな生活になるのか、だれが面倒を見てくれるのかといったことが不安材料になるようです。

ぼくがいろんな年代の人から聞いた印象では、老いを実感しはじめる40代、50代から不安が強くなるようです。でも、いざ「老後」といわれる年齢になってみると、も

うこの先の「老後」なんて考える必要はありません。まさにいま、老後を生きているのだから。

老後にどんな生活が待っているかなんて、なってみないとわからないのです。健康づくりをしながら病気や介護のリスクを下げることはできますが、どんなに気をつけても病気になったり、介護が必要になったりすることはあるのです。

ぼくはいま74歳。いつ何があっても、という覚悟だけはしています。この歳まで元気にいられたのだから、それでよしとしているのです。老後になったら、老後の心配なんて忘れて、いまをしっかり楽しむこと。それ以上を望むのは欲張りというものです。

老後真っ盛りの人は、真っ盛りを楽しもう。
あとは、来るべきときに人生の幕が下りるだけ。

家族への忖度《そんたく》を忘れる

自分の命のことは自分で決める

ぼくの外来に、悪性リンパ腫を患う85歳の男性が家族と一緒に他県からやってきました。診察室では、息子さんが付き添っていました。

医師をしている息子さんは、できるだけの治療を受けてほしいと考えていました。けれど、本人は違う考えをもっていました。意見が分かれた2人は、ぼくにセカンドオピニオンを求めに来たのです。

男性は、「もう十分生きた。痛いことはもう嫌だ。抗がん剤治療は受けたくない」

と意思をはっきりと示しました。

「しょうがないな。親父の人生だから」

反対していた息子さんも、笑みを浮かべ、男性の意思を尊重しようとしているようでした。

その後、ぼくは外で待っているお孫さんたちを診察室に招き入れ、こう言いました。

「いま、おじいちゃん本人が手術や抗がん剤治療はしないと決めました。ご本人の気持ちを尊重してあげましょう」

男性はうれしそうな、安堵《あんど》したような表情になり、「ありがとう」とぼくの手を握りました。

人生を後悔しないために大事なことは、自分で決断することです。医療では、「インフォームド・チョイス」（十分な説明による選択）が重要視されています。どんな病気も治療方針は一つではありません。自分の生活環境や価値観で選ぶことが大切です。そのなかには、男性のように「治療を受けない」という選択もあるのです。

3か月ほどして、息子さんから手紙が届きました。男性は「ありがとう、思い残すことはないよ。仲良くね」と家族みんなに伝え、亡くなったそうです。

本人が納得した人生を送ることができれば、見送る家族も救われます。幸せな死というのがあるのです。

どんな最期を迎えたいか。どんな医療・介護を受けたいか。日本では、まだまだ医師まかせ、家族まかせという人が大多数です。病気になったとき、介護が必要になったとき、死が目前に迫っているとき、「縁起でもない」とタブー視するのではなく、きちんと自分の意思を家族や近しい人に伝えておくこと。いざというときに家族を困らせないためにも、自分の意思は残しておくとよいでしょう。

幸せな最期は、自己決定が大前提。
命の決断をしておくことは、家族への最大のプレゼント。

カラ元気を忘れる

悲しみは無理に癒やさなくていい

ついこの間まで新緑だった木々が、濃い緑になって、風にそよいでいる。諏訪中央病院の庭を散歩していると、心がホッとします。ご家族や看護師に車椅子を押してもらいながら、患者さんたちが季節の花々を楽しむ姿はとてもいいものです。

緩和ケア病棟では、看取《みと》りが終わったあとも、ご家族の喪失感や悲しみを癒やそうと、家族会を毎年開いていています。グリーフ・ケアといいます。

悲しみとの向き合い方は、人それぞれです。亡くなってからすぐには考えたくないという人もいれば、何年経っても悲しみを手放すことができないという人もいます。人それぞれでいいと思います。

「もう心が晴れ晴れとしている方は、来年また病院から家族会の招待状が届いても、どうぞ無理をしないでください。まだ心が晴れない方はぜひ来て、ゆっくりと職員たちと話したり、亡くなられた方を思い出しながら病院の庭を歩いたりしてください。この会から遠のいた方はきっと元気なんだろうと思っています。ご遠慮なく」

ぼくはいつも、家族会でこんなふうに話しています。

すると、ご家族もクスリと笑って、心情を語りはじめます。

「こうやって病院に来ることが年に一回の楽しみです。来る途中の車の中で、夫の病室に通い続けたことを思い出します」なんて話してくれる人もいました。

仏壇やお墓に手を合わせるだけでなく、亡くなった人との思い出をたどることが、悲しみを癒やすことになるのでしょう。悲しんでいる人を見ると、ついつい「元気出してください」と励ましたり、悲しみを忘れさせようとしてしまうかもしれませんが、故人との楽しかった思い出を語り合うことが大切なのだと思います。

悲しみを無理やり忘れようとせず、故人との絆を保ちながら日常を生きていく。そんな日本人の精神性に、欧米の精神医学は注目しています。1980年代に日本にやってきたアメリカの心理学者デニス・クラスは、墓や仏壇を通して先祖と対話をする日本人を見て、「続く絆」理論を発表しました。
大切な人を亡くしたあとに心身のバランスを保ちながら生きていくには、死者との絆をもち続けることが大事だということです。

悲しみが癒えるまでの時間は人それぞれ。
一緒に思い出を語り合うことが助けになることもあるんだ。

「自分のことは全部わかっている」という前提を忘れる

自分も知らない顔をもつ「怪人二十面相」になる

「汝《なんじ》自身を知れ」とは、ギリシャのデルポイの神殿に刻まれた言葉です。「私」という存在を、自分がだれよりも知っているというのは思い込みなのかもしれません。

「フー・アム・アイ（Who am I＝私とは何者か）テスト」というのがあります。私はどんな人間か、長所や短所、性格、特技、好き嫌い、信念、誇り、特性、行動傾向などの20項目を書き出してみるというものです。自分に対するイメージが偏っていないかを知るための手がかりになります。

ぼくもやってみましょう。

●私は、『がんばらない』という本を書いた人です。
●私は、がんばらないと言いながら、けっこうがんばっています。
●私は、やさしい面と厳しい面をもった人です。
●私は、子ども時代、生きるのに大変な時期があり、多くの人に助けられました。
●私は、その恩返しに、社会の役に立つ活動をしたいと思っている人です。
●私は、人には言えない恥ずかしいことをいっぱいしてきた人です。

こうやって自分についての項目を書き出していくと、ふだん心の中にしまっていたことが、ふいに顔を出します。

「人には言えない恥ずかしいこと」なんて、きっとだれでも一つや二つあるでしょう。人には言わず、棺桶までもっていっていいのです。でも、自分だけはわかっていることが重要です。それをときどき思い出すことで、人に対して寛容になれるように思うからです。そして、そういう自分も少しだけ許してあげることが大事だと思います。

何十年と付き合ってきた「私」には、いろいろな顔があります。欲張りなぼくは、「怪人二十面相」くらいに、たくさんの顔がほしいと思っています。いい顔ばかりでなく、困った顔もありますが、人間は重層的で、複雑で、多面的だからこそおもしろいのです。

「小説の主人公にこんな顔があったら愉快な物語になるな」という発想で、自分の新たな一面を書き加えていくのも楽しいですね。

「自分のことは自分がだれよりもわかっている」
というのは思い込み。
新しい顔を増やせば、人生に厚みが出る。

理屈や損得を忘れる

ユーモアで人生を包み込む

「ユーモアとは、にもかかわらず笑うこと」

そんな名言を述べたのは、死生学を日本に広めたカトリック司祭、アルフォンス・デーケンです。ユーモアはただのダジャレやオヤジギャグではありません。苦しい、つらい状況があるにもかかわらず笑う心の余裕、気概、勇気、誇り、矜持《きょうじ》が感じられるものです。

緩和ケア病棟を回診すると、がんの末期の患者さんが晴れ晴れとした顔でよくユーモアを言います。脳に腫瘍のある86歳の女性は、自分の腫瘍でさえも、「私の一部だから」といとおしそうに言います。本当は憎いはずの腫瘍なのに、腫瘍が大きくなったり、体力が衰えたりする自分自身をこんなふうに言いました。

「老婆は一日にしてならず」

このユーモアには負けました。

ぼくは、「にもかかわらず」という言葉を大事に生きてきました。ぼくを育ててくれた父は貧しく、妻が重い心臓病という状況にもかかわらず、ぼくを養子に迎えてくれました。ぼくが生きてこられたのは「にもかかわらず」という生き方をした父のおかげです。

人生が、理屈や損得を考えて、「だから」そうするのだという順接の選択ばかりでは、なんだか息が詰まってしまいます。そうではなく、理屈や損得はいったん忘れて、それでも心が向かうほうへ進むと、人生は楽しくなり、深く納得できるように思います。

「お酒もたばこもやらない。まじめに生きてきたのに、なぜこんな大病をしなければならないのでしょう?」

がんがわかったばかりの患者さんのなかには、人生の不条理を恨んだり、嘆いたりする人がいます。けれどユーモアには、がんという不条理を受け入れ、前を向かせてくれる力があります。

人生は、納得できない不条理だらけ。
それでも、人生を肯定できるのが
「にもかかわらず」という生き方。

「自分にないもの」や「失ったもの」を忘れる

いま感じる「人生の喜び」をリストアップしてみる

友人のSさんからときどきメールが届きます。彼は51歳のとき、若年性アルツハイマー病と診断されました。67歳になったいまも、サービスを利用しながら一人暮らしを続けています。認知症の当事者として講演をすることもあります。

最近もらったメールには、「私の喜び」というタイトルで、8つの事柄が箇条書きされていました。

1　だれにも制約されず自由に生活できる
2　認知症、糖尿病以外の病気はなく、いたって健康である
　認知症と糖尿病があったら、そのことで悩んでしまいがちですが、Sさんはとてもポジティブです。「自分にないもの」「失ったもの」ではなく、「いまあるもの」に目を向けるというのは、自己肯定感アップにつながります。
3　食事がおいしいと感じられる
4　生かされていることに感謝できる
　食事がおいしいとか、行きたかったところへ行けたとか、ちょっとした一つひとつのことを当たり前と思わず、その喜びに感謝することの大切さをSさんから教わりました。

5　たくさんの人から見守られている
6　たくさんのメル友がいる

ぼくはSさんのメル友の一人です。「とってもさびしい」なんてメールが届くこともあります。一人暮らしの彼は、多くの人に見守られています。美術館へ行くのが好きで、そんなときは美術館好きの友だちが付き添ってくれています。「人の世話になりたくない」と言う人がいますが、彼は積極的に人とつながって、必要なときには助けてもらっています。

7　自分には無限の可能性がある
8　未来は明るいと感じられる

ときどきお風呂の水を溢れさせたり、家への帰り道がわからなくなることがありますが、認知症である自分がどこまでやれるか、まさに毎日がチャレンジといえるでしよう。

日々、ストレスなどで心が弱りがちなぼくたち。Sさんにならって、ときどき自分にとっての「私の喜び」を書き出してみるのもいいかもしれません。認知症で多くのことを忘れても、いまある自分の幸せに気づくことができれば、それ以外のことなんて忘れてもいいことなのです。

幸福の形は人それぞれ。あなたに「幸せ」という感覚さえあれば、ほかのことなんて忘れてもいいのだ。

「生まれてこないほうがよかったのか？」という疑問を忘れる

人生はおおざっぱに肯定できればいい

生きづらい時代には、反出生主義というのが、ふと心に忍び寄ってきます。「自分は生まれてこないほうがよかった」とか、「苦しみがあるこの世には子どもを産まないほうがいい」といったもので、インド哲学やギリシャ哲学の時代からあった考え方だといいます。

哲学者の森岡正博さんにお会いしたことがあります。彼の著作『生まれてこないほうが良かったのか？』（筑摩書房）には、反出生主義にとらわれながらも、それに抗おうとする思索の軌跡がつづられています。

森岡さんはこんな説明をしてくれました。

「だれしもいずれは死ななければならないのに、なんで生まれてきたのかという不条理感。もう一つは、加害的にしか生きてこられなかった自分に対する否定的な思い。自分はこれまでに非常に多くのものを傷つけてきた。そんな存在はこの宇宙にはいないほうがよい。そう思うわけです。この二つの思いが私の中に傷のように存在して、だから反出生主義に共感をおぼえるのだと思います。生まれてこないほうがよかったとは言っても、現実としてもう生まれてきてしまっている。残りの人生を生きていくならば、生まれてきてよかったと思えるように生きるにはどうすればよいかということを、哲学者として自分の課題にしようと、あるときから思うようになった」

反出生主義なんて蹴っ飛ばした、92歳の男性のことを思い出しました。

彼は末期の肺がん。突然、喀血《かっけつ》しました。止血剤を出そうとする主治医を制して、こう言いました。

「ぼくの病名を知ってる？　末期の肺がんだよ。血が少しぐらい出ても不思議じゃないよね。だから止血剤はいらない」

主治医からその報告を受けていたので、ぼくは回診の際に、「もう覚悟しているってことですか?」とたずねてみました。

「そのとおり」と男性。

「後悔はないですか?」とさらに聞くと、今度はニヤッと笑って「コウカイは海でするもんだ」と言いました。

回診についてきていた研修医や医学生たちも大笑い。

どんな人生でも、いいことと悪いことはあります。しかし、大切なのは、おおざっぱに自分の人生を肯定できるかどうか。そして納得すること。これが、「生まれてこないほうがよかったのか?」という疑問を自分のまわりに寄せつけない、大切な秘訣のように思います。

生まれてしまったことを悔やんでもしかたない。
人生に小さな否定はあっても、最終的に納得できればいい。

「結論を出すこと」を忘れる

難しい問題は、棚上げする勇気をもつ

ある雑誌の人生相談で、こんな質問を受けました。

「息子が40歳過ぎてもフリーターで家にいます。子育てをまちがってしまったと自分を責めるときもあります。息子とどのように付き合うべきでしょうか？　そして、私はどう気持ちを整理すればよいのでしょうか？」

親として、子どもに自立してもらいたいと思う気持ちはよくわかります。そして、できたら伴侶を見つけて、孫の顔を拝ませてくれたら安心できるのに、という思いも

伝わってきます。

けれど、子どもには子どもの生き方があり、親の思いどおりにいくとはかぎりません。こうした〝正解〟のない問題に対して、ぼくは、「棚卸し」と「棚上げ」という2つの方法をとるようにしています。

棚卸しとは、現状を把握するために、いい点、悪い点をすべて洗い出して確認することです。子どもの経済的自立や精神的自立を妨げている原因がわかれば、それを支援することで自立を促すことができるでしょう。親が最低限の支援をして家から放り出すことで、子どもは新しい人生のスタートを切れるかもしれません。

もう一つの棚上げは、あえて結論を出さないという方法です。いますぐに答えを出そうとしたり、相手に詰め寄ったりするのをやめ、時が来るのを待つのです。

この例でいえば、息子さんの「自立できない問題」はいったん棚上げして、親子の関係を築き直してみるのです。たとえば、一緒に野球観戦をした帰り、お酒を飲んで楽しい時間をもつ。お説教したくなるのをぐっとガマンして、関係づくりから始めると、息子さんも自分の人生のことや、老いていく親のことを自然と考えはじめるのではないでしょうか。

棚上げというと問題の先送りというようなマイナスイメージがありますが、だらだらと棚上げするのではなく、覚悟をもって棚上げすると、意外によい結果が出てくるかもしれません。「棚卸し」と「棚上げ」、意識してみてください。

人生の難問は、すぐに答えを出さないほうがいいときもある。おのずと解決するまでじっと待つ勇気をもとう。

目先の幸運や悲運を忘れる

人生は波。目先の波だけを見ず、長い目で見守ろう

人生は何が起こるかわかりません。うれしい出来事があったかと思えば、悲しい出来事もある。何もかもが壁にぶつかるときもあれば、トントン拍子に事が運ぶこともある。それが人生です。

大切なのは、いいことも悪いことも、ずっと続くわけではないということ。寄せては引いていく波のように、常に変化するということです。人生は〝波〟なのです。

ぼくは貧しさのなかで育ちました。子どものころ、夏休みに友だちが家族旅行をしたという話を聞くと、うらやましくてたまりませんでした。でもそのとき、自分に言い聞かせたのです。

「いつか同級生のだれも行けないところに行ける人間になる」

ぼくの人生にも、必ずいい波がやってくる。だから、そのときのために腐らずにやっていこうと思いました。

人生の目的と寿命について考察した研究論文があります。カナダのカールトン大学の研究者が、アメリカの中高年6000人超を対象に行われた14年にわたる調査をもとに分析したものです。

その結果、「人生に対する目的意識が低く、ポジティブに生きていない人」は明らかに死亡率が高く、反対に「どんなときでも目的や希望を失わず、笑って生きれば長生きできる」ということがわかったのです。

ぼくが医師として最初に赴任したのが諏訪中央病院でした。当時は医師の集まらない、潰れそうな病院で、大学の同級生からは「都落ち」「はずれくじ」などと言われました。

けれど、ぼくは気にしませんでした。むしろ、「いつか、患者も医師も集まる、いい病院にしたい」と決意しました。地域の健康づくり運動に励み、ともに働く医師・看護師らの努力があり、諏訪中央病院は地域に愛され、全国から研修医が集まる病院になりました。

いまダメだからといっても、ずっとダメなわけではありません。あきらめてはいけないのです。必ずいい波が来ることを信じて、いつでもその波に乗れるように準備をしておく。そんなへこたれない精神は、どんな境遇でも前向きに生きていく力となるはずです。

いい波が来ている人は気をつけよう。
悪い波の人は「これからおもしろくなる」と信じよう。

あの世の存在を忘れる

人生は一度きりだからおもしろい

あの世の存在を信じていますか？　魂は存在しているでしょうか？

いろんな考えの人がいていいと思っています。

つい最近も、あの世の話で盛り上がりました。『病院で死ぬということ』（文藝春秋）というベストセラーを書いた、緩和ケアの専門医・山崎章郎《ふみお》さんと対談しました。

彼は大腸がんで、両肺に転移し、ステージ4と宣告されています。インタビュアーはぼくだったのに、山崎さんが突然質問してきました。

「鎌田先生は自分が死んだあとのこと、考えたことありますか？」

「考えることはあるけど、ぼくは死後の世界はなくてもいいなと思っている」と答えました。

山崎先生は、終末期の患者さんにも「自分が死んだらどうなると思いますか？」と聞くそうです。すると、「宇宙から生まれたんだから、宇宙に還る」などと答えてくる。そんなとき、彼はこんな質問もすると言います。

「死後の世界があるとすれば、会いたい人はいますか？」

大半の人は、「お母さんに会いたい」「お母さんに迎えに来てほしい」と答えます。

そこから先が、緩和ケアの名医の言葉だと感心しました。

「じゃあ、お母さんにバトンタッチするまでは、私がお付き合いします」

この言葉で、患者さんはとても安心するのだと言います。

その緩和ケアの名医も、以前は死後の世界に関心があったわけではないそうです。

「いままさに自分自身がステージ4のがん患者になってみると、死後の世界はあったほうがいいというか、あってほしいなと思うようになりました」

終末期に強く感じる「霊的な痛み」は、あの世があると思うことによって、少しだけ緩和されるのだと思いました。「これもありだな」と思いました。

ぼく自身も、魂の存在は信じていないのに、青森県の下北半島の霊場で、イタコに父親の魂を降ろしてもらったことがあります。沖縄まで、ユタやノロというシャーマンに会いに行ったこともあります。魂は信じないと言いながら、魂の存在を信じることで救われている人たちがいることも理解しています。

だから、患者さんのなかで、魂の存在やあの世を信じている人に対しては、その思いを受け入れ、在宅医療や緩和ケアの現場で命に伴走したいと思ってきました。

でも、自分自身の死について考えるときは、やっぱりあの世はいらないと思っています。あの世でまた新しい人生を生きなくてもいい。ニーチェのいう「永劫回帰《えいごう》」も、インド哲学の輪廻転生《りんねてんしょう》もいらない。一回かぎりで十分。一回かぎりだから、いいことも嫌なことも、成功も失敗も、いいのだと思っています。ピンピン元気で一発勝負。そう思うようになったら、とても心が軽くなりました。

あの世の存在に救われる人がいてもいい。
でも、ぼくはこの世で一発勝負の人生と思いたい。

第5章
世の中の「正解」ではなく、自分だけの「別解」を生きる

「伝わって当たり前」という考えを忘れる

言葉で厳しい現実を語っても、態度では「希望」を語る

そんなつもりはなかったのに、自分の言葉が誤解され、人間関係がギクシャクしたことはありませんか?

伝えたいことを伝えるというのは難しいことです。どうしたら相手に伝わるか、相手の身になって考えていないからです。相手にとって聞きとりやすい声の大きさ、トーン、言葉遣いなどに注意しましょう。相手の視界に入らないところで話しかけても、コミュニケーションは成り立ちにくいもの。

ぼくは医師として、いろんなバックグラウンドをもった患者さんと話をしてきました。ときには治癒の望めない、難しい現状を告げなければならないこともあります。そんなときに心がけているのは、非言語的なメッセージです。言葉ではシビアな現実を伝えなければならないときも、態度や雰囲気では「希望はある」ということを伝えたいと思っています。具体的には、落ち着いたやや低い声で、ゆっくりと、相手がこちらの言葉を受けとったことを一つひとつ確認しながら話すようにしています。

Aさん（63歳）は、子宮体がんが見つかったとき、すでに肝臓や骨、腹膜に転移がありました。東京の大学病院で「治療はできない」と言われ、途方に暮れていました。ぼくの本を読んでいたAさんは、細い糸にすがるようにして、諏訪中央病院の緩和ケア科を訪ねてきたのです。

彼女の望みは、苦しい症状を取り除き、残された時間を豊かに過ごせるようにすること。まずは、浮腫《ふしゅ》という病的なむくみを取ってほしいと訴えました。彼女の下肢は象の足のようになり、足の深部静脈は血栓症を起こしていました。

ぼくたちは、この望みに全力で応えることから始めました。

リンパドレナージという浮腫のマッサージ治療の第一人者、佐藤佳代子先生に相談すると、東京から病院のある茅野《ちの》市まで施術に来てくれることになりました。

「足首がこんなに細くなってきた！」

佐藤先生のマッサージはすぐに効果が出て、その日の夜、Aさんは驚きとうれしさで声を弾ませました。

その後も、佐藤先生から指導を受けたスタッフがAさんのマッサージを続けました。足の苦痛が軽減されたことや、人に触れられることで得た心の安定で、Aさんの内面にも変化が起こりました。病棟のラウンジにあるピアノの前に座り、練習を始めたのです。

命の期限が迫るなかで、それでもあきらめず、昨日より今日、今日より明日と、充実した毎日を送るAさん。ついに、外国から帰国した娘の前でピアノを弾いてみせました。穏やかで、微笑ましい母子の語らい、それを見守る夫。家族にとって、特別な時間になったと思います。

しばらくして、Aさんは亡くなりました。彼女の夫からお礼の手紙が届きました。

「よく看てあげましたね」と伝えたくて電話をすると、明るい声が返ってきました。これからAさんの写真を持って、インドのガンジス川を旅してくると言うのです。最後まであきらめず、命を燃やす生き方は、遺された者の心にしっかりと生き続けています。

態度や雰囲気は、言葉よりも伝わる。
だから、言葉の外に「希望がある」というメッセージを込めたい。

昨日という日をいったん忘れる

一日一日を仕切り直す

毎朝、仕事をする机の上をたんねんに拭くという人がいます。机の上にはいろんな資料が散乱しがちですが、すべて片づけて、いったん何も載っていない状態にして、固く絞ったぞうきんで磨くそうです。きれいに見える机の上も、拭いてみると意外なほどほこりがたまっています。まっさらな状態で「さあ、今日は一日何をする？」と考えると、何をすべきかが明確になり、仕事の能率も上がるという話でした。毎日毎日、仕切り直しの儀式になっているのでしょう。

朝、最初に開ける窓を拭くという人もいます。家中の窓を拭くのは大変なので、一枚だけと決めています。窓を拭くことをきっかけに、毎朝、そこから見える風景を新鮮な目で眺めてみると、いままで見過ごしていたことに気づくのです。

ぼくの義父は、肝臓がんで他界するまで、道路の掃き掃除を続けていました。そのことを知ったのは、お葬式で義父の家に泊まり、何気なく立ち寄った喫茶店でお客同士の会話を耳にしたときです。

「Hさん、亡くなったみたいだな」

「毎日、駅前の道を掃除してたよな」

義父のことでした。自分の家の前だけでなく、2つの改札口の間の500mほどの道を毎日掃除していたようなのです。義父は胃がんで手術を受け、その何年か後には肝臓がんが見つかりました。そのときにはすでに転移していました。明るい人で、諏訪の花火大会にやってきて、一席設けてもらった人にお礼として「奥様お手をどうぞ」という十八番を歌いました。

「もう来年の花火大会は見られそうもありません。でも最高の瞬間をもらえました」

義父は死期が近づいても、メソメソしたところを見せませんでした。亡くなる直前まで、髭剃りや歯磨きなど、自分のことは自分で行い、ふだんどおりに暮らしました。道路の掃除もその一つだったようです。義父がどんな思いで道路掃除を始めたのかはわかりません。毎日毎日、新たな気持ちで道を掃いていたのかもしれませんし、人に感謝されてもされなくても、自分の仕事と決めていたのかもしれません。

「たとえ明日、世界が滅亡しようとも、今日私はリンゴの木を植える」

ふと、ドイツの宗教改革者、マルティン・ルターの言葉を思い出しました。

毎日の習慣が、一生を支える習慣になることを教えてもらいました。

世界の滅亡が近づいても、リンゴの木を植える人でありたい。
今日という新しい日を大事に生きていきたいな。

気の利いた助言を忘れる

だれかの〝ガソリンスタンド〟になる

ある高齢の夫婦の話です。夫は特別養護老人ホームで暮らし、妻はほかの有料老人ホームで暮らしています。夫婦なのにもう何年も会っていません。あるとき、夫は特養の職員に「妻に会いたい」と本音を話しました。あなたが職員なら、どんな対応をしますか？

「さびしいでしょうけれど、違う施設にいるんだからしかたないですね」と受け流しますか？　それとも……。

職員は、夫の「妻に会いたい」という思いをしっかり受け止め、それをリハビリのモチベーションにしてもらいました。

「歩けるようになったら、奥さんのいるホームに会いに行きましょう」

この提案が夫を変えました。そこから懸命にリハビリに励んだ夫は、職員たちに支えられて、妻を訪ねることができたのです。

これは、ある介護専門誌で、東京都世田谷区にある特別養護老人ホームの施設長やスタッフと対談したときに聞いた話です。どうしたら職員の独創性を伸ばすことができるのか。施設長に「リーダーの極意は何ですか?」と質問すると、こんな答えが返ってきました。

「上司は〝ガソリンスタンド〟だと思っています。職員が話をしに来たら、きちんと向き合って、給油するように愛情を補給してあげる。助言より愛情。愛情が満タンになった職員たちが現場に戻ると、利用者さんに優しくしてくれる」

なるほどな、と深く納得しました。

いつも自分が〝車〟になって、あれやこれやと走り回ってきたけれど、その車を走らせるには後方支援が欠かせません。

身近な人間関係でも、ときどきでいいから、だれかの〝ガソリンスタンド〟になろうと心がけることが大事だと思います。気の利いたアドバイスなんてできなくても、安心できる空気で人を迎えてあげるだけでいいのです。

会いに来た後輩たちに、お説教ではなく、「愛情、満タン」チャージできる人になれるといいなあ。

見返りを忘れる

親切は、新雪のようにふんわりと

人に親切にするというのは、人間関係の基本的なふるまいだと思って生きてきました。人にやさしくすると、その人だけではなく、自分も心地よくなってオキシトシンやセロトニンが増え、幸せな気持ちになります。健康にもいい効果があります。

一方で、人にやさしくする、親切にするという行為が、相手に無言のプレッシャーを与えたり、言外に見返りを求める行為になってしまうこともあります。

「私がこれだけやってあげたのだから、あなたもそれに応えるべきだ」「私はこれだけいいことをしているのに、どうしてあなたはやらないのか」

これはもう親切の暴力です。こうなってしまうと、人間関係が圧縮された根雪《ねゆき》のように重たくなってきます。路面のアイスバーンのようにいつまでもとけずにいて、人を転倒させたりして危険です。

人に親切にするときは、さらさらの新雪のようにふるまいたい。

「いっさい見返りは期待しません」「すぐに忘れていただいてけっこうです」――ふわっとしていて、手のひらのぬくもりでじわっととけていく。そのくらいの軽やかさが理想です。

親切は、見返りを求めず、さりげなく。
10秒後にはふっと消えてなくなる軽やかさが理想。

人間関係の好き嫌いを忘れる

人との距離を縮めるのは、贈りものより「頼みごと」

子どものころから、たくさんの人に助けられてきました。心臓が弱かった母の入院中、父が仕事で帰宅が遅くなったとき、近所のおばさんがごはんを食べさせてくれました。医師になって長野県に赴任したときも、地域の人から家に招かれ、夕飯をごちそうになりました。

「うちでごはんを食べていってください」

地域の人からすると半分、社交辞令だったのかもしれません。

遠慮なく家に上がり込んだぼくは、「誘うと本当に来るぞ」とおもしろがられ、「本音」で付き合っていけそうだと思われたようです。甘え上手は、どうやらぼくの特性みたいです。

「フランクリン効果」というのがあるそうです。アメリカの政治家で、100ドル札の顔にもなっているベンジャミン・フランクリンは、政治的に対立する議員を味方につけるため、あえて相手に頼みごとをしました。すると、敵対していた相手が協力してくれるようになったのです。

なぜ、このようなことが起きたのか。「わざわざ相手の頼みごとを聞いてやるのは、相手に好意をもっているからだ」と脳が勝手につじつま合わせをするためだといわれています。そんな脳のクセをうまく利用したのがフランクリン効果です。

人は、敵から贈りものをされると「何か裏があるのでは?」と警戒したくなりますが、頼りにされると素直にうれしいものです。それがたとえ苦手な相手からの頼みごとでも、期待に応えようという気になるのです。

「あの人は苦手だからかかわりたくない」という気持ちもわかりますが、好き嫌いという自分の感情はいったん忘れて、相手の得意とするところを見極めます。そのうえで的を射た頼みごとをしたりすると、相手は自分の能力が認められたと感じ、よき協力者となってくれるのです。まして、もともと好きな人に頼みごとをしたら、もっといい関係になるでしょう。

フランクリンはこんな言葉も残しています。

「私が自分だけのために働いているときには、自分だけしか私のために働かなかった。しかし、私が人のために働くようになってからは、人も私のために働いてくれたのだ」

そのとおりだと思います。頼みごとの内容が、困っている人のため、社会のためになるものならば、いっそう協力が得られやすくなります。

ぼくはウクライナやイラク、チェルノブイリ、福島など国内外で支援活動をしていますが、それを30年以上続けてこられたのも、多くの人たちに頼みごとをして巻き込み、協力者を増やしてこられたからだと思っています。

「一緒に被災地に行って歌ってくれませんか？」と呼びかけたミュージシャンはたく

さんいます。ほとんどの方が「実はやってみたいと思っていたんです」と二つ返事で協力してくれました。

相手に対する好き嫌いの感情は、そのときどきで変化します。そんな好き嫌いを少しだけ横に置いて相手と付き合ってみると、知らなかった一面に気づくことがよくあります。まずは、相手の厚意に甘えたり、頼みごとをしたりして、自分からバリアを取り除いてみることです。

頼みごとのうまい人は、苦手な人をも味方につける。
いろんな人と小さな協力関係を築こう。

弱い心を忘れる

苦しいときほど、人にやさしく

ニュージーランドのジャシンダ・アーダーン首相は、新型コロナの感染対策として全土で都市封鎖に踏み切った２０２０年3月、国民にこう呼びかけました。

“Be strong. But be kind. We will be OK.”（強くいてください。でも、やさしくいてください。そうすれば私たちは大丈夫）

彼女は共感とコミュニケーション能力に秀でたリーダーだといわれています。これまでの政治家は「強いリーダーシップ」を求められることが多かったように思いますが、「やさしさ」はいまの時代、必要な資質だと感じました。国民を「500万人のチーム」と呼び、人間として大切なことを貫くアーダーン首相の姿勢に、ニュージーランド国民も、世界の人々も新しいリーダーのあり方を見たのではないでしょうか。

苦しいときでも心を穏やかに保ち、人にやさしくするには心の強さが必要です。コロナ禍のストレスを、だれかを攻撃して発散しようとするのは弱さの表れ。人にやさしくすることでこそ、現実の苦しさを乗り越えていくことができるのです。そうして人生は美しくなります。

Be kind ＝人にやさしくすること、親切にすることは、健康にもいい影響を及ぼすことがわかっています。ボランティア活動をしている高齢者は、していない高齢者に比べて、高血圧になるリスクが40％も少ない。アメリカのカーネギーメロン大学ではそんな論文を発表しています。人のためにいきいきと活動することが、心の張り合いや安定につながり、それが血管の健康をもたらしていると考えられています。

人に親切にすると、絆ホルモンといわれるオキシトシンが上昇します。このオキシトシンは、筋肉の再生を活発化させ、若返らせます。オキシトシンには、酸化を進めるフリーラジカルという物質を抑制する働きがあり、細胞や血管の老化の進行をゆるめてくれるのです。

マスクで笑顔が伝わりにくいいまだからこそ、「ありがとう」「いつも助かっています」と声に出して言ってみるのもいいと思います。電車やバスで席をゆずる、友だちに元気がなかったらそれとなく気遣う。そんなやさしさをもつと、その場があたたかくなり、まわりにやさしさが広がっていきます。それがまわりまわって、自分自身にも返ってきます。

人へのやさしさは、
自分の心と健康を守る武器。

傍観主義を忘れる

小さなひと羽ばたきを起こす人に

東日本大震災から11年となる2022年3月11日、ある知らせに驚きました。福島県南相馬市にある絆診療所のみなさんが、ぼくが代表をしていたNPO日本チェルノブイリ連帯基金（JCF）のウクライナ支援に賛同し、多額の寄付をしてくれたのです。2月下旬、ロシアがウクライナへ侵攻を開始してから、ウクライナの市民がスマホで撮影した動画が日に日に不穏で暴力的なものへと変わっていくなかで、支援を立ち上げたばかりでした。

絆診療所の遠藤清次院長にお礼の電話をすると、こんな言葉が返ってきました。

「難民、国内避難民となったウクライナの人たちの姿をニュースで見ていると、11年前の自分たちと重なります。今日は東日本大震災のメモリアルデー。たくさんの人からいただいた恩を、いま苦しんでいる人たちにお返しするときだと思いました」

南相馬は、震災で大きな被害を受けました。遠藤医師は私財を投じ、身を削りながら診療所を開設。仮設住宅で暮らす人たちの心と体の健康を守ってきました。ぼくも被災地支援に通いながらその姿を見てきただけに、「ウクライナの人を助けたい」という彼の言葉に胸が熱くなりました。

ＪＣＦとウクライナとのかかわりは30年以上続いています。チェルノブイリ原発事故のあと、甲状腺がんや白血病などを患う子どもたちの医療支援のため、医師団を１００回以上派遣してきたのです。福島第一原発事故が起こってからは、低線量被曝から健康や命、暮らしを守るためにどうしたらいいのか、ウクライナの人たちに学びに行きました。

蝶の羽ばたきのような小さな動きが、やがて予想もつかない大きな変化につながることを「バタフライ効果」といいます。はじめはほんの小さなアクションでも、あたたかな心は人から人へと伝播し、やがて「戦争を止めよう」というムードにつながっていく可能性があります。戦争、パンデミック、自然災害……大きな不安に襲われるいまこそ、あたたかなひと羽ばたきの連鎖が必要なのです。

小さな行動でも、きっとだれかが受け止めて、
想像できない変化につながっていく。
バタフライ効果を信じたいね。

「自分世代」のことを少しだけ忘れる

鎌田流「おじいさん仮説」

小説『人口戦略法案　人口減少を止める方策はあるのか』（日経ＢＰ）を読んで衝撃を受けました。著者の山崎史郎さんは、厚生労働省の元官僚。介護保険制度をつくるにあたって大事な役を果たした何人かのうちの一人です。

小説の中では、人口戦略法案として「子ども保険構想」を展開。介護を社会化しようという介護保険の向こうを張って、子どもを社会が育てるという法案です。小説ですが、すべて現実の細かなデータにもとづいていて、とても説得力がありました。

2022年、こども家庭庁の創設が決まりました。しかし、何をするのかまだ明らかにはなっていません。そんな状況のなかでぼくは、行政・立法担当当局に対し、市民が必要とする提案を行い、市民の声を届けていこうと考えました。さわやか福祉財団の堀田力さん、元消費者庁長官の板東久美子さん、福岡県古賀市長の田辺一城《かずき》さんとともに鎌田實が共同代表となり、「子ども・子育て市民委員会」を立ち上げたのです。

ノーベル経済学賞を受賞したグンナー・ミュルダールはこう述べています。

「人口減少が起こると、消費や投資が減り、失業や貧困が増加する。やがて若者たちと高齢者との分断が生じる」

こんなことが起こる前に、子どもを産みたい人が産める社会をつくっていくことが大事です。

ぼくは長年、中高年の健康づくりに取り組んできて、子育てとはあまり接点がありませんでした。自分の子どものことも、仕事が忙しくてどちらかというと妻まかせでした。そんなぼくが子育てを応援するのは、不思議であって、不思議ではありません。

人類学者のクリスティン・ホークスが唱える「おばあさん仮説」をご存じでしょう

か。多くの動物に比べ、なぜ人間は子どもを産んで育てる期間が終わってからの〝余生〟が長いのか。子育て経験があるおばあさんが手助けをすれば、親の負担が減り、次の子どもの出産、子育てもしやすくなります。おばあさんの長生きは、種《しゅ》が生き残るための生存戦略ということです。

では、おじいさんの役割は？　ここからはぼくの仮説ですが、おじいさんがおばあさんに比べて寿命が短いのは、子育てサポートという役割が明確ではなかったからではないかと思います。若いころは「男は仕事、女は家庭」というようなジェンダー役割が色濃く、自分の子育てに積極的にかかわれなかった。

しかし、現代では、おじいさんだって地域の子どもたちの見守り活動をしたり、子ども食堂を開いたり、昔の遊びを教えたり、けっこう役に立っています。男性が地域や社会の子育てに力を発揮したらおもしろくなるというのが、鎌田流「おじいさん仮説」です。

「子ども・子育て市民委員会」を立ち上げ、子育ての社会化に挑戦しはじめたのは、ぼくの人生への反省でもあります。おばあさん、おじいさんの活躍は、親世代、孫世代の助けになるだけでなく、本人たちも脳が刺激され、認知症予防になったり、心臓病や血管の病気で死亡するリスクが少なくなるといわれています。

アメリカの心理学者エリク・エリクソンは、次世代の価値を生み出す行為に積極的にかかわること、つまりジェネラティビティ（次世代の育成能力）が中年期の「停滞」を打ち破ると述べています。

ぼくももうすぐ後期高齢者の仲間入り。自分たち世代の医療費や介護費も心配ではあるけれど、それらはちょっと横に置いて、次世代のために役立つ存在でありたいと思っています。

人生100年時代をピンピン元気に生きながら、社会の祖父母として、次の100年のことも考えよう。

インターネットへの苦手意識を忘れる

距離を忘れて、新しいつながり方を

「どんな支援がほしい？」

「学校に履いていく運動靴がほしい！」

２０２２年2月、ロシアのウクライナ侵攻により、ウクライナの母子たちが国内外に避難しました。30年以上、チェルノブイリの子どもたちの医療支援を続けてきた日本チェルノブイリ連帯基金（ＪＣＦ）は、そんなウクライナ難民・避難民の支援を始めました。

新型コロナのパンデミック下。すぐにでも現地に飛びたい気持ちがあっても、それはできません。ぼくたちはこれまでの活動で培った人脈をたどり、国境の町にいる神父さんや、ポーランド在住の日本人画家の協力をとりつけることができました。

そして、ポーランドに避難してきた人たちとZoomをつないで、何に困っているのか、どんな支援がほしいかを聞きました。その一つが冒頭のようなやりとりだったのです。子どもたちに直接たずねなければ、こちらの想像力では思いつかなかったことでした。

運動靴を80足近く用意してプレゼントすると、すぐに子どもたちの写真が送られてきました。新しい靴を履いて満面の笑みを浮かべた写真です。ポーランドと日本を隔てる地理上の距離も、支援する側とされる側という隔たりも、一気に飛び越えられたような気がしました。

難民キャンプでも、地震や水害などの被災地でも、支援するときには必要とされるものを送るのが基本です。これまでも事前に調査し、必要なものを届けようとしてきました。けれど、これほどまでに直接、相手と触れ合う感覚がもてたのははじめてのことでした。

あるときには、国境の町まで避難したウクライナの母子と、現地の支援者、JCFのスタッフをZoomでつなぎ、そのやりとりをYouTubeで公開しました。すると、それを見た一般の人たちが自分ごととして考え、積極的に支援の輪に加わってくれました。

全国からたくさんの支援金が集まり、半年間で8000万円を突破。インターネットのパワーはすごいです。歌手の加藤登紀子さんも、新しいCDをつくって売り上げをすべて寄付してくれました。

日本のインターネット普及率は、国民全体の8割以上。しかし、65歳以上では5割以上と低調、75歳以上では4割に満たないのが現状です。「コミュニケーションは対面がいちばん」と決めつけず、高齢者の間にもインターネットがもっと広がっていっていいと思います。

ウクライナ侵攻では、市民がそれぞれスマホを持ち、惨状を生々しく伝えてきます。なかには目を覆いたくなるものもあります。しかし、一方でうれしいニュースも。ぼくたちが支援するウクライナの妊婦さんから、赤ちゃんを抱いた写真が届きました。幸せな出来事も起きているのです。

その後、この女性は夫の住むリビウという街に移りました。ロシアのミサイル攻撃で発電所が破壊され、停電して大変というメールをもらったので、すぐに充電器を送りました。戦争中のウクライナに支援物資が届くのです。そして、さしのべた愛の手も届くことがわかりました。

世界は戦乱やパンデミックで分断が起きていますが、それを乗り越えるつながり方も探っていかなければならないでしょう。

インターネットにしり込みしないで。
困難のなかにいる人とつながると、いつか必ず自分のためになる。

狭い視野を忘れる

鳥の目、虫の目、魚の目。複数の視点を手に入れよう

諏訪湖のほとりに原田泰治美術館があります。だれの心にもある懐かしいふるさとを描いた画家・原田泰治の世界を堪能できる素敵な美術館です。

ぼくの「あんちゃん」であり、大親友。原田泰治さんは、２０２２年に81歳で亡くなりました。いま、ぼくはさびしくてたまりません。

泰治さんは1歳のとき小児麻痺になりました。はじめはほとんど立つことができず、寝そべったり、座ったりの低い視線をもちながら育ちました。地べたに近い〝虫の

目〟です。戦争中は、長野県飯田市の山の上に疎開し、まちを見下ろす高い視点ももちました。〝鳥の目〟です。

やがて画家となった原田さんは、全国を車椅子で行脚《あんぎゃ》しながら、懐かしい日本の原風景を描き続けました。空間も、時間も、自由に駆け抜ける〝風の目〟をもったのです。その作品は朝日新聞日曜版に連載され、日本中、いや世界中で評判になりました。

旅の達人・永六輔さんも独特な視点の持ち主でした。日本中を歩きまわり、旅先から大好きなラジオで日本の自然、文化、人間関係の大切さを訴えてきました。あまりにもよく歩くので、ウオノメができていたかもしれません。永さんの視点は、魚眼レンズのように、被写体にぐっと迫りながら、周囲との関係性をとらえようとしていたように思います。

視点のもち方には、いろんなものがあります。ふだんと違う視点で物事をとらえるには、高いビルや山の上に立って下界を眺めたり、虫眼鏡や顕微鏡で細部を観察したり。あるいはＶＲ（バーチャル・リアリティ）を使って、実際には入れない古代遺跡の中に入って、時間をさかのぼるのもいい。

観念としての視点を変えるのは簡単ではありません。けれど、実際に肉体としての目の使い方を変えてみると、脳が刺激され、物事のとらえ方が多角的になっていきます。いろんな視点をもてるようになると、生き方も自由になるでしょう。

かがんで見たり、俯瞰《ふかん》したり。
視点の変化は、いろんな気づきを与えてくれる。

「正解は一つ」という思い込みを忘れる

自分だけの「別解」を見つけよう

ぼくたちの体は、たった一つの受精卵から始まりました。その受精卵が何度も細胞分裂を繰り返しながら、筋肉なら筋肉の細胞、神経なら神経の細胞というように、役割に見合う形や機能を身につけて分化していきます。そう、細胞には、何にでもなれる力があるのです。

血液や皮膚の細胞は寿命が短いので、いつでも同じ細胞を生み出して補充する必要があります。

幹細胞は必要に応じて形を変え、粘膜の細胞になったり、赤血球や白血球などの細胞になったりして体の機能が損なわれないように働いています。再生医療で注目されているiPS細胞は、人工的につくられた幹細胞です。

中村哲《てつ》さんという医師がいました。彼の生き方は幹細胞のようでした。脳神経内科の医師である彼は、パキスタンやアフガニスタンで活動。水があれば多くの病気と帰還難民問題を解決できるとして、砂漠に総延長25㎞を超える用水路をつくりました。聴診器を持つ代わりに重機に乗って、約10万人の農民が暮らしていける土地へと変えていったのです。

「自分は医師だから、医療の分野で社会貢献する」というのは一つの正解にすぎません。中村哲さんは、その「正解」をいったん忘れて、別の「正解」を選んだのです。

幹細胞にとっての正解は、そのときに求められる状況によって変わってきます。ぼくたちの体の中には、この幹細胞があるのです。だれでも、新しい自分になれるシステムが体の中にあると信じていいのです。体はあなたの決断を待っています。

そんな幹細胞のように柔軟に、無私の心で、変化している状況のなかで、そのときの正解を自分の中に見つけられる生き方ができるかどうか。ぼくも常に自問していきたいと思っています。

あなたのなかにも「幹細胞」は生きている。
一つの正解に縛られず、別解を生きる力があるはず。
人生はこれからだ。

おわりに——人生にも新陳代謝が必要だ

長く生きていると、いつの間にか〝ぜい肉〟がついてきます。内臓などに脂肪がたまると健康を害するように、生き方においても意味のない習慣や古びた常識という〝ぜい肉〟が人生の自由度を奪い、生きにくさの原因となっています。

体についた脂肪は、筋トレやウォーキングなどの運動をして、筋肉のもととなるタンパク質をしっかりとることで改善していきます。それに対して、生き方の〝ぜい肉〟に対する処方箋はたった一つ。「忘れていいことを忘れる力」なのです。

60歳になったら、健康づくりの考え方を変え、新しい習慣を身につけていくことが大切だと書いてきました。余分な力みや見当違いの努力、形骸化した習慣、自分や他人を傷つける思い込み……それらから、もう自由になりましょう。

全方位にがんばろうとジタバタするより、うまく力を抜いて、体や心の状態を調整しているホルモンや自律神経のリズムにうまく身をまかせてみると、意外といい結果になることも知ってほしいことの一つです。

長寿の時代、大切なのは命の質です。ぼくは、「ＰＰＨ（ピンピン、ひらり）」という生き方を提唱しています。最後までピンピン元気に生きて、ひらりと逝くというものです。それを可能にするものこそ、運動とタンパク質による「筋肉の力」と、「忘れる力」です。筋肉は健康をつくり、忘れる力は人生をもっとおもしろく、個性豊かに充実させてくれるはずです。

本書は幻冬舎の小林駿介さん、ライターの坂本弓美さんと毎月Zoomミーティングをしながらつくりました。ぼく自身、もの忘れが気になる年齢になりましたが、「忘れることを恐れず、変化していく勇気をもとう」と、自分自身を鼓舞する時間になりました。この本が、生き方の新陳代謝を促し、停滞していた毎日がいい方向に動き出すきっかけになることを祈っています。

【著者プロフィール】

鎌田 實 かまた・みのる

1948年、東京都生まれ。1974年、東京医科歯科大学医学部卒業。1988年、諏訪中央病院院長に就任。地域と一体になった医療や、食生活の改善・健康への意識改革を普及させる活動に携わる。2005年より同病院名誉院長。チェルノブイリ原発事故後の1991年より、ベラルーシの放射能汚染地帯へ医師団を派遣し、医薬品を支援。2004年からイラクの４つの小児病院へ医療支援を実施、難民キャンプに５つのプライマリ・ヘルス・ケア診療所をつくった。国内でも東北をはじめとする全国の被災地に足を運び、講演会、支援活動を行っている。近著に『鎌田式「スクワット」と「かかと落とし」』（集英社)、『認知症にならない29の習慣』（朝日出版社)、『鎌田式健康手抜きごはん』（集英社)、『60代からの鎌田式ズボラ筋トレ』（エクスナレッジ)、『ちょうどいい孤独』（かんき出版）などがある。

60歳からの「忘れる力」

2023年1月25日　第1刷発行

著　者　鎌田　實
発行人　見城　徹
編集人　福島広司
編集者　小林駿介

GENTOSHA

発行所　株式会社 幻冬舎
〒151-0051　東京都渋谷区千駄ヶ谷4-9-7
電話　03-5411-6211（編集）
03-5411-6222（営業）
公式HP：https://www.gentosha.co.jp/

印刷・製本所　株式会社 光邦

ISBN978-4-344-04067-0　C0095

この本に関するご意見・ご感想は、
下記アンケートフォームからお寄せください。
https://www.gentosha.co.jp/e/

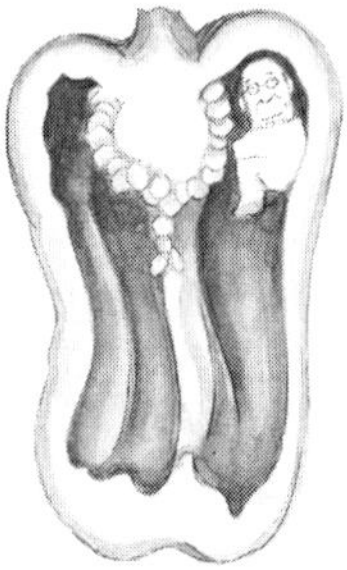